*Gerd Heinz-Mohr*

# Gott liebt die Esel

*Diederichs*

Mit 19 Illustrationen im Text
und 8 Bildtafeln

1. Auflage

Umschlaggestaltung: Eberhart May
Druck: Poeschel & Schulz-Schomburgk, Eschwege
Bindung: Klemme & Bleimund, Bielefeld
Printed in Germany
ISBN 3-424-00466-9

## *Vorwort*

»Gott liebt die Esel.« In diesem Satz ist das erste Wort so stark betont wie das letzte. Und eben darin besteht der besondere Ansatz des vorliegenden Buches.

Es gibt bereits eine Reihe sowohl heiterer wie nachdenklicher Bücher über den Esel: Reiseerlebnisse, in denen Platero oder einer seiner Artgenossen eine wesentliche Rolle spielt; Sammlungen von Redensarten und Sprichworten, die seine Bedeutung in der Welt der Menschen beschreiben; Bände mit lustigen Zeichnungen oder mit eindrucksvollen Aufnahmen des fotogenen Grautiers.

Die eigentliche Absicht dieses Buches enthüllt sich in seinem vierten Kapitel und deckt sich mit dem Satz des französischen Dominikaners Maurice Lelong: »Was der Esel durch die Jahrhunderte bis hin zu uns trägt, ist das Mysterium der Einfachheit und Güte Gottes.« Der Esel ist kein Symboltier im Sinne der alten Mythologie und ist doch ein Symbol der Konversion Gottes zur Welt.

Dem Verfasser, der seinem Bildungsgang nach Theologe, Historiker und Kunsthistoriker ist, gingen diese – manchen Leser vermutlich überraschenden – Zusammenhänge bei der Beschäftigung einerseits mit der reichen christlichen Bildkunst des Mittelalters, andererseits mit der sich darin spiegelnden phantasievollen allegorischen Bibelauslegung frühchristlicher und mittelalterlicher Theologen auf. Alte Mysterienspiele und geistliche Texte, Volksbräuche, Fabeln und Satiren boten sich zur Ausfaltung des Themas unvermutet reichhaltig an. Aber es wäre dem langohrigen Gegenstand der Untersuchung nun auch nicht recht angemessen gewesen, die Riesenzahl spezialwissenschaftlicher Abhandlungen lediglich um eine weitere, nur Spezialisten interessierende zu vermehren. Mitgeschöpflichkeit ist vielmehr etwas, das gerade heute im Bereich der Umweltproblematik jeden mitdenkenden und daher mitverantwortlichen Menschen angeht.

So wurde der Esel auch hier zum Symbol und Modellfall, und die durchweg aufgelockerte Darbietung von Sachinformation will in Verbindung mit dem reizvollen alten Bildmaterial, indem sie heiter stimmt, zugleich nachdenklich machen, – dies alles aber keineswegs nur im Hinblick auf einen dienstbaren Vierbeiner, sondern in Ansehung jenes Geheimnisses wahrer Weisheit, das ein Geheimnis der Einfalt ist und zu allen Zeiten jener Heiterkeit eng verbunden, die zu den Tugenden der Heiligen gehört.

Gerd Heinz-Mohr

# I. Einleitung

In dem großen Welttheater, das von der Theologie als die Heilsgeschichte definiert wird, spielen mit großer Selbstverständlichkeit auch die Tiere mit: die Schlange am Baum des Paradieses, die Taube des Noah, der Walfisch des Jona, die Raben des Elia, der Hahn des Petrus, die Eselin Bileams und die Eselin beim Einzug in Jerusalem, der Widder bei Isaaks Opferung und das Lamm, das zur Schlachtbank geführt wird, nicht zuletzt die vier Lebewesen (neben einem, der aussieht wie ein Mensch: der Löwe, der Stier, der Adler) aus der Berufungsvision des Propheten Ezechiel und den atemberaubenden Schauungen der Offenbarung des Johannes. Alle den Verfassern der biblischen Schriften denkbaren zahmen und wilden, freundlichen und gefährlichen, schönen und häßlichen, nützlichen und schädlichen, der Zoologie wie der Mythologie zugehörenden Tiere haben ihren Ort, und die Menschen werden angehalten, Ehrfurcht vor diesem Ort zu empfinden, der mitten zwischen ihren Orten ist. Denn sie selbst stehen ja auch in dieser Heilsgeschichte.

Immerhin wird in der Bibel differenziert. Es gibt die dem Menschen vertrauten, in seinem Dienst stehenden Tiere, mit denen ihn eine starke Gefühlsnähe, eine Schutzverpflichtung unter dem Angesicht Gottes verbindet: »Sechs Tage sollst du deine Arbeit tun, und am siebenten Tage sollst du Sabbatruhe halten, damit dein Rind und dein Esel ruhen (2. Mose 23, 12).« Und es gibt die wilden, unvertrauten, ja unheimlichen Tiere, die übermächtige dämonische Gewalten repräsentieren: die Schlange, den Drachen, die gespenstisch-ungeheuerlichen Mischwesen apokalyptischer Vision. Ein besonders interessantes Gebiet

der Bibelwissenschaft geht der Verknüpfung dieser Vorstellungen mit den Tiermythen und -kulten derjenigen Völker nach, die im Lauf der israelitischen Geschichte infolge geographischer Nähe oder politischer Herrschaft nachweisbaren Einfluß gewannen.
Aber die biblischen Texte haben nicht nur eine Entstehungs-, sondern auch eine Auslegungsgeschichte. Ihre Bilderwelt traf im Fortgang der christlichen Verkündigung auf andere Traditionen und Kulturen eigener Prägung, und es war nur natürlich, daß die Auseinandersetzung mit diesen zu neuem Bild- und Anschauungsmaterial führte. Das für die Predigt, Dichtung und bildende Kunst des Mittelalters, soweit sie sich auf die Tierwelt bezogen, kennzeichnendste Quellenwerk, der »Physiologus«, verdankt seine Entstehung einem solchen Prozeß der Auseinandersetzung und Verschmelzung. Dieses »naturkundige« Werk eines unbekannten Verfassers, etwa um 200 und wahrscheinlich in Ägypten entstanden, sammelt und verarbeitet zahlreiche Standardwerke der antiken Naturlehre, aber auch kosmologische Spekulationen und Fabelliteratur, zusammen mit allegorisierend ausgelegten Stellen des Alten und Neuen Testaments, mit phantastischen Volksüberlieferungen und erbaulich-moralisierendem Beispielmaterial zu einem in der Folgezeit überaus beliebten Quellenbuch. Hier werden nicht nur Tieren, Pflanzen und Steinen die wunderbarsten Eigenschaften zugeschrieben; diese Eigenschaften bieten auch die Grundlage zu einer religiös-symbolischen Deutung und Auslegung von oft phantastischer Weite, oft grotesker Detaillierung. Die Kirchenväter des Ostens und Westens von Tertullian und Klemens von

Alexandrien bis zu Gregor dem Großen beziehen sich auf den »Physiologus«, die allegorisierende Bibelauslegung des Mittelalters nährt sich von seinem Material. Seine Ausformung und Nachfolge begegnet uns in den französischen »Bestiaires«. Die gesamte damalige Vorstellungswelt in mündlicher wie schriftlicher Predigt und Unterweisung, in religiöser ebenso wie in weltlicher Literatur, in religiöser wie profaner Bildkunst erweist sich als von Thematik und Materialien des »Physiologus« gleichsam durch und durch imprägniert.

Der stark durch Rationalismus und Historismus geformte Zeitgenosse des 20. Jahrhunderts steht verblüfft, kopfschüttelnd oder lächelnd vor diesem phantastischen Ineinander von Biologie und Mystik, Fabel und Mirakel, Rebus und Predigt. Er kann nur mit Mühe oder gar nicht nachvollziehen, was ihm dort, wo er dieser Tiersymbolik in der Regel am unmittelbarsten begegnet – an romanischen Kapitellen und Friesen, in den Bogenfeldern über den Eingängen gotischer Kathedralen – erklärend erzählt wird: von dem Adler, der im Alter zur Sonne fliegt, um sich zu verjüngen; von dem Einhorn, das sich nur im Schoß einer reinen Jungfrau fangen läßt; von dem Pfau, der nicht verwest; von dem Löwen, dessen Junges zunächst tot zur Welt kommt und von der Mutter behütet wird, »bis daß sein Vater kommt am dritten Tage und ihm ins Antlitz bläst und es erweckt«. Er ist jedoch immerhin unterrichtet genug, um diese erstaunlichen Bezüge mit der ihm aus der Religionsgeschichte bekannten Rolle des Tieres in den Mythen und Kulten der verschiedensten Völker in Zusammenhang zu bringen. Und er begreift, daß dem primitiven

Menschen unheimliche Tiere die negative Rückseite der Weltwirklichkeit, gewaltig große Tiere die übermächtigen Naturgewalten, besonders zeugungskräftige Tiere die allgemeine Lebenskraft und Fruchtbarkeit zu repräsentieren vermochten. In der Bibel beschriebene Phänomene wie das der Anbetung des Goldenen Kalbes sind ihm also religionsgeschichtlich verständlich, Beispiele von Nilpferden und Adlern, Sperlingen und Ameisen ohne symbolische Verknüpfung zugänglich.

Aber wie steht es mit dem Esel, der im Alten und im Neuen Testament im ganzen etwa einhundertdreißigmal erwähnt wird, manchmal ganz im gängigen Bereich der Zoologie und Ökonomie, manchmal eigenartig hintergründig und symbolträchtig? Bevor wir die prominenten biblischen Esel näher ins Auge fassen, soll zunächst versucht werden, mit einem kurzen Blick in die Bereiche der Religions- und Literaturgeschichte einiges über die dem Esel häufig zugeschriebenen Eigenschaften zu erheben.

# II. Der Esel im Spiegel der Dichtung

*Der Esel im Mythos*

Im weiten Gebiet der Religionsgeschichte spielt der Esel eine überraschend geringe Rolle. So häufig das Haustier mit den langen Ohren in den Bilddokumenten etwa der üblichen Arbeitsabläufe des alten Ägypten auftaucht, – auf dem reichen Feld der ägyptischen Tierverehrung tritt es nicht in Erscheinung, es sei denn dämonisch abgewertet zum eselsköpfigen Dämon, der die Tore der Unterwelt bewacht, als Tier Typhons des Bösen, als dem Seth zugeordnetes und daher mit ihm verfemtes Wesen. Womit hat der Esel diese Herabsetzung verdient? Daran, daß er ein Haustier ist, kann es nicht liegen, denn Stiere und Katzen stiegen in Ägypten zu beachtlicher religiöser Würde auf. Es wäre zwar aus der zarathustrischen Religion von einem Gehilfen des Ahura Mazda, dem wunderbaren dreibeinigen Esel zu berichten, der sechs Augen, neun Mäuler, zwei Ohren und ein Horn besitzt und dessen Kot mit dem Bernstein identisch ist: »Sein Fell ist weiß, seine Nahrung ist der Geist, und er, in seiner Ganzheit, ist gerecht. . . Wen seine sechs Augen durchdringen, den bezwingt und zerstört er. . . Jeder Huf nimmt den Platz einer Herde von tausend Schafen ein. . . Mit seinem Horn aus Gold wird er die Verderbnis der Ruchlosen bezwingen und beseitigen.« Bleiben wir aber – ohne auf unheimliche und ungeheuerliche Tiere auszuweichen – bei den Haustieren: Das Pferd als das »Leitfossil« der indogermanischen Völker war im Bereich der vedischen und germanischen Religion heilig, aber auch im japanischen Shintoismus. Die Kuh genoß besondere Verehrung in Griechenland, Persien und Indien. Der Hund wird in der zarathustrischen Religion, im Avesta und in der Geisterwelt Indonesiens hoch gewertet.

Der nützliche und geduldige Esel aber spielt weder im »Physiologus« eine Rolle noch taucht er unter den Zeichen des Tierkreises oder unter den als heilig und ausgesondert verehrten Tieren oder schließlich unter den »Seelentieren« auf, die doch Mäuse und Eidechsen, Wiesel, Raben und Schmetterlinge umgreifen. Er erscheint lediglich in der Reihe der Orakeltiere, ambivalent als Glücks- und Unglücksbote, zusammen mit Ziege, Katze, Storch und Hahn, Gans und Ente, Maulwurf und Eichhörnchen, Igel und Kauz, Kuckuck und Krähe, Frosch, Biene und Spinne.

*Der dumme Esel*

Wenn aber ein Tier auf solche Weise als Orakel im Dienst der Zukunftsschau steht, so ist es lediglich ein Instrument und benötigt keine eigene Begabung, Intelligenz oder Eigenschaften der Schauung. Der als Haustier allgemein geschätzte, nützliche, dienstbare Esel steht sogar im Ruf exemplarischer *Dummheit*. Das ist die Eigenschaft, die ihm in Fabel und Satire mit Vorliebe nachgesagt wird, allerdings nicht ohne bezeichnende Seitenblicke auf eselhaftes Verhalten des Menschen.

Boethius vergleicht im vierten Buch des »Trostes der Philosophie« den Menschen mit allerlei Tieren. Von dem, der träge und stumpf brütet, behauptet er: »Er lebt eines Esels Dasein.« So ist es nicht allzu überraschend, daß alte Chroniken und entsprechende Bildwerke (wie etwa in der St. Anna-Kirche zu Annaberg) bei ihrer witzigen Charakterisierung und Versinnbildlichung der menschlichen Lebensalter durch Tiere den Esel dem späten, unansehnlich und unaktiv gewordenen Greisenalter zuordnen. Schmeichelhafter sind übrigens auch die Symboltiere der früheren Lebensalter nicht gewählt.

*Eselsohren bei Menschen*

Sehr komisch liest sich in diesem Zusammenhang noch heute das »Speculum stultorum« des Nigellus Wireker, eines der bedeutendsten englischen Satiriker des 12. Jahrhunderts. Brunellus, der Esel, präsentiert nicht nur selbst ein Bild der Torheit, sondern begegnet auch den Toren in sämtlichen Gesellschaftsschichten, vor allem dem korrumpierten Welt- und Ordensklerus. Er leidet unter der Vorstellung, sein Schwanz sei zu kurz, und um ihn zu verlängern, holt er den Rat eines Arztes ein. Dieser hält ihm zwar zunächst die Torheit seines Wunsches vor, gibt ihm aber dann ein Rezept zur Verlängerung von Schwänzen mit und schickt ihn zur berühmten medizinischen Hochschule von Salerno, damit er sich dort die Ingredienzien des

Rezepts besorge. Nach verschiedenen Abenteuern, die ihn leider, im Gegensatz zu seinen Hoffnungen auf Verlängerung, noch einen Teil seines Schwanzes kosten, begibt sich Brunellus zum Studium des Weltwissens an die Universität Paris. Der Autor läßt sich die Gelegenheit nicht entgehen, dabei Situation und Sitten der Pariser Studentenschaft unterhaltsam zu zeichnen. Brunellus aber gibt mangels Fähigkeit sein Streben nach Gelehrsamkeit auf und beschließt statt dessen, in einen Mönchsorden einzutreten. Während er noch die verschiedenen Orden – sehr satirisch – Revue passieren läßt, fällt er in die Hände seines Besitzers, dem er einst entlaufen war, um sein Glück in der Welt zu suchen. Nun ist es mit der Weltläufigkeit vorbei. Das alte Leben bescheidener Dienstbarkeit hat ihn wieder.

Obwohl jeder, der mit Eseln näher umzugehen Gelegenheit hatte, deren angebliche Unverständigkeit längst als intelligente Tarnung und die »Tumbheit« als keineswegs anlagebedingt, sondern als verhaltenstechnisch zweckhafte Sturheit erkannt hat, hat sich dieses zur Erhaltung des menschlichen Überlegenheitsgefühls offenbar besonders erwünschte Vorurteil bis heute gehalten. Literarische Zeugnisse dafür sind die Tierfabeln von Aesop und Apulejus bis Lessing und Eduard von Bauernfeld. Aesop etwa schildert, wie ein Esel und ein Hahn einst zusammen weideten. Als nun ein Löwe ihnen begegnete, hob der Hahn den Kopf und krähte. Von Furcht gepackt, lief der Löwe davon. Der Esel aber setzte ihm nach, in der Meinung, er sei es, vor dem der Löwe die Flucht ergriffe. Kaum jedoch war der Löwe außer Hörweite des Hahns, da drehte er sich um und zerfleischte den Esel.

Von dem mittelalterlichen Fabeldichter Heinrich von Mügeln († nach 1371) stammt die Geschichte:

Von einem Esel der es dem Schoßhund gleichtat

*Ein guter Herr zog einst ein Hündchen groß,*
*das sprang ihm oft aus Freude in den Schoß.*
*Er streichelt' es und gab ihm seine Speise.*
*Der Esel sprach: »Das mach' ich nach zur Stund'*
*bin hochgeborn und nützer als der Hund,*
*dem Herren wird gefallen meine Weise.«*
*Als unser Esel also sprach,*
*sprang er zum Herrn und schnappte nach dem Munde.*
*Das Unglück folgt' der Torheit nach:*
*der Esel wollt' es gleichtun jenem Hunde.*
*Jedoch der Herr rief seine Diener her,*
*daß sie ihn machten von dem Esel frei.*
*Der Esel ward darauf geschlagen sehr*
*Er sprach: »Verfluchet sei die Eselei!*
*Ich sehe wohl, daß es mißfällt,*
*womit dem Herrn ich wollt' behagen.*
*Mein Herr, der will mir lohnen nicht*
*für solche Schicht (Begebenheit).«*
*Eitler Sinn, mit Habgier voll,*
*der muß die Last der Schande tragen.*

Ins aktuell Kritische wendete der sarkastische Erasmus Alberus (vor 1500 – 1553) die Materialien der alten Tierfabel. In der langen, anschaulichen »Tierbeichte« beschließen Löwe, Wolf und Esel, einander »getreu zu beichten«. Die beiden Raubtiere bekennen wahrheitsgemäß Gewalttätigkeiten, Raub und Mord, erteilen einer dem andern aber alsbald mit zynischer Begründung die Absolution.

*»Zuletzt der Esel trat hervor,
den hielt man für ein rechten Tor.
Er mußte sich bedenken wohl,
was er den beiden beichten soll.
Als sich der Esel recht bedacht,
was er für Laster hätt vollbracht,
da fiel ihm ein ein kleine Tat,
begehrte derhalb guten Rat,
sprach: »Groß ist auch mein Beichtverlangen,
hab meinen Herren hintergangen.
Das klag ich euch, ihr lieben Herrn,
obwohl ich sorg, ihr werdt nicht gern
ein solche Sünd vergeben mir.«
Sie sprachen: »Laß nicht grauen dir,
sag uns nur her, wie's ist ergangen,
vielleicht kannst du noch Gnad erlangen.«
Der Esel fing zu beichten an:
»Mein Herr, der war ein geizger Mann,
bei dem führt ich ein hartes Leben,
er wollt mir kaum zu essen geben.
Was ich euch künd, das ist kein Tand:
er zog mit mir fern über Land;
eines Abends hatte ich gefast't
und sollt mit einer schweren Last
des andern Tags beladen sein.
Durch Hunger litt ich große Pein.
Da mußt ich einen Berg erklimmen,
mein Magen tat vor Schmerzen grimmen.
Mein Herr zog mich an einem Zaum,
so sehr, daß ich konnt folgen kaum.
Ein Strohhalm aus dem Schuh ihm ragt:
den hab ich heimlich angenagt.
Mein Herr hat dieses nie erfahren,*

*ich dürft's ihm auch nicht offenbaren,*
*er hätt mich sonst geschlagen gar.*
*Das ist mein größte Sünd fürwahr;*
*könnt ich davon erlöset sein,*
*mich deucht, mein Herz wär wieder rein.«*
*Sie sprachen: »Das ist wahrlich schwer.*
*Die Sünde wird dir nimmermehr*
*kein Papst vergeben hier auf Erden,*
*drum kannst du niemals selig werden.*
*Dein Sünde, die ist viel zu groß,*
*der Papst kann dich nicht sprechen los,*
*deim Herrn bist untreu du gewesen,*
*davon kannst nimmer du genesen,*
*man kann dir da nicht helfen draus.*
*Drum ist's jetzt gänzlich mit dir aus.*
*Bedenke bei dir selber noch,*
*ob du nicht hast gesündigt hoch;*
*was meinst du, was geworden wär,*
*wenn du deim Herrn von ungefähr*
*die Ferse hättst gebissen ab?*
*Drum sagen wir dir argem Knab,*
*daß ich, der Löw, und Wolf, mein Knecht,*
*dich werden strafen hier mit Recht.*
*Es kostet dich heut Leib und Leben,*
*es kann uns niemand widerstreben.«*

Dem Anschlag des Löwen und des Fuchses, der Gewalt und der List, fällt auch jener Esel in der Prosafabel von Hans Wilhelm Kirchhof (um 1525 – um 1602) zum Opfer. Der alt und kraftlos gewordene Löwe war der Überzeugung, »daß sein Leiden mit den Ohren und dem Herzen eines Esels könnte gewendet werden.«
 Der Fuchs wußte Rat, ging an ein Wasser, wohin ein

Wollenweber, um sein Tuch waschen zu können, einen Esel geführt hatte. Der weidete eine Strecke weiter fort im Wald. Zu demselben Esel trat der Fuchs, grüßte ihn und sprach: »Ei, lieber Bruder, wie find ich dich allhie so elenden und mageren Leibs, bresthaftigen und gebrochenen Rückens?« Antwortete der Esel: »Dies alles geschieht durch die Kargheit und Unbarmherzigkeit meines Herrn, denn ungeachtet, daß ich schier verhungere, legte er auf mich schwerere Bürden, als ich selbst zweimal wiege.« Sprach der Fuchs: »In Hunger und Not würd ich nicht lang bleiben.« »Wo soll ich hin?« antwortete der Esel, »wo ich hinkomme und mich die Leut sehen, könnt ich wohl die Stätt, nicht aber meinen Stand verändern.« Der Fuchs sprach: »Hör, was ich dir sag, und folg dem! Willst du mit mir gehen, dann findest du viel fette Weid, nahrhafte Kräuter und schöne fließende Wasser. Dort lebt kein Tier, das es bös mit dir meint.« Als das der Esel hörete, war er williger denn willig und ging mit dem Fuchs. Als sie zu der Höhle kamen, wollt der Löwe den Esel anfallen, dazu hatte er aber keine Kraft mehr. Der Esel entlief wiederum zu seinem Herrn. Das verdroß den Fuchs, der fragte, warum das geschehen wäre. Der Löw dacht bei sich: Sagst du, es sei von der Ohnmacht und Schwachheit deines Leibs geschehen, so bleibt der Fuchs nicht bei dir. Laut sagte er aber: »Kannst du den Esel wiederum zu mir herbringen, so will ich dir sagen, weshalb ich das getan hab.« »Schwerlich wird das angehen«, antwortete der Fuchs, »denn er ist meiner Betrüglichkeit inne geworden, und ist er klug, wird er mir nicht glauben. Doch ich will's versuchen.« Da ging er aufs neu zum Wasser. Als der Esel den Fuchs von fern sah, sprach er: »Pfui über dich! Was willst du falscher Lügner wieder mit mir beginnen?« Antwortete der Fuchs: »Nichts denn alles Gute; ich komm hierher mich zu entschuldigen. Was neulich dir widerfahren, war nicht im Argen, wie du in Schrecken gemeinet und dir eingebildet hast, sondern aus großer Freud, dich zu umfangen, geschehen. Wo du doch ein klein Weil daselb verharret hättest, solltest du Wunder erfahren haben, welche Ehren deinem Geschlecht, den Eseln, erzeigt worden wären. Dieser Willkomm kann dir noch werden, wenn du mit mir gehst.« Weil der Esel zuvor keinen Löwen gesehen hatt, glaubte er dem Fuchs willig und ging mit. Da ihn aber der Löwe erblickte, ergriff er ihn und riß ihm seine Seite auf, daß er starb. Allerdings wird dann auch der Löwe vom Fuchs um Ohr und Herz des Esels betrogen.

Viele Legenden und Fabeln berichten von Klagen, die die »dummen Esel« nach ihrer Erschaffung an Gott den Herrn gerichtet hätten: wegen ihres Namens und ihrer Stimme, ihrer zu langen Ohren oder ihres zu kurzen Schwanzes. So erzählt man in Sizilien: Eines Tages sagte der Esel: »Ach, warum muß ich einen Schwanz haben? Wozu dient er mir?« Da nahm Gott ihm den Schwanz fort. Als er aber ohne Schwanz war, spürte er, wie er hinten gestochen und gebissen wurde; und er schlug voller Verzweiflung aus und beschimpfte die Fliegen, die ihn derart quälten. Dabei ward er inne, wie notwendig ihm der Schwanz gewesen war, um die Fliegen damit zu verjagen, die sich auf seinem Rücken festsetzten. Und er bat den Herrn, und dieser gab ihm wieder einen, wenn auch kleineren Schwanz.
 Noch origineller ist eine andere Beschwerdegeschichte,

ebenfalls aus Sizilien: Einmal beschwerten sich die Esel beim Herrn, daß sie längere Ohren hätten als die Pferde. Da antwortete Gott, er werde ihnen die Ohren dann verkürzen, wenn sie allesamt beim Urinieren die Kraft hätten, den Urin bis zum Meere laufen zu lassen. Deshalb urinierten alle Esel an ein und demselben Ort. Als sie nun uriniert hatten, hofften sie, der Urin würde bis hin zum Meere laufen. Aber da konnten sie lange warten! Mit erhobenem Kopf, zusammengepreßten Zähnen und zusammengezogener Oberlippe gaben sie Gott zu verstehen, daß ihr Unternehmen keinen Erfolg gehabt hatte. Und seit jenem Tage machen alle Esel nach dem Urinieren diese Geste.

*Pieter Breughel: Der Esel als Lehrer*

Der Ruf der Dummheit folgt dem Esel bis in die neuere Zeit. Als Beispiel mag ein bissiges Epigramm des Russen A. N. Nachinow (1782 – 1814) dienen.

*»Wenn Esel selbst bei uns jetzt höchsten Rang genießen*
*und du gehalten bist, das dümmste Tier zu grüßen,*
*verwundere dich nicht und dämpfe deinen Spott –*
*galt in Ägypten doch der Ochse einst als Gott.«*

### *Der weise Esel*

Abgesehen davon, daß das zitierte Epigramm gewisse physiologische Unterschiede zwischen Ochse und Stier großzügig übersieht, fordert dies letztlich menschensoziologisch begründete Pauschalurteil bei einem gedankenvollen Esel lediglich jene Reaktion heraus, die Wilhelm Busch weise beschreibt:

*»... doch dieser hocherfahr'ne Greis*
*beschrieb nur einen halben Kreis,*
*verhielt sich stumm und zeigte itzt*
*die Seite, wo der Wedel sitzt.«*

Auch Matthias Claudius' »Nachricht vom Genie« kann hier zur Ehrenrettung des Esels herangezogen werden.

*»Ein Fuchs traf einen Esel an.*
*Herr Esel! sprach er, jedermann*
*hält Sie für ein Genie, für einen großen Mann!*
*›Das wäre!‹ fing der Esel an,*
*›hab doch nichts Närrisches getan.‹«*

Und an einigen Stellen gesteht auch die deutsche Fabel dem Esel ein gewisses Maß an *Weisheit* zu, allerdings einer bitter erkauften Erfahrungsweisheit. »Vom kranken Esel und vom Wolf« berichtete Heinrich Steinhöwel in seiner Sammlung aesopischer Fabeln (1476/77): »Ein Wolf sah einen Esel in seiner Krankheit, er faßte dessen Leib an und fragte, wo sein Weh am größten wäre. Da antwortete ihm der Esel: ›Wo du mich berührest, da ist das Weh am allergrößten.‹«

Ausgesprochen schlau verhält sich der Esel in dem rumänischen Volksmärchen »Der Wolf als Bürgermeister«. Als ihn eines Winters der Wolf trifft und zu fressen droht, erzählt er diesem, die Bauern seines Dorfes wollten nach dem Tode des alten Bürgermeisters einen neuen wählen und zwar einen fremden. Er vermag dem Wolf die Annehmlichkeit, über alle Schafe, Lämmer, Gänse und Ferkel des Dorfes verfügen zu können, so attraktiv zu schildern, daß der Wolf von ihm abläßt und ins Dorf läuft, wo ihn harte Prügel erwarten.

Der »Witzige Esel«, von dem Johannes Pauli (geboren um 1450) erzählt – »witzig« bedeutet hier soviel wie »klug« –, kann sogar den Menschen ein Muster des Maßhaltens werden: »Ein Mann führet' einst seinen Esel zum Tränken an einen Brunnen. Als der Esel getrunken hatt', da wollt' er gleich heim. Der Mann bat den Esel, er sollt' mehr trinken, doch der Esel wollt' heim. Da sprach der Mann: ›Bei meinem Eid, du bist witziger als ich: wenn du genug getrunken hast so hörst du auf. Wenn ich genug hab, so fang ich um der Gesellen willen von neuem an zu trinken.‹«

Recht entschlossen und tapfer reagierte nach dem freundlichen Lied aus – vermutlich – dem 10. Jahrhundert die Eselin der Nonne Alfrad aus dem Kloster Homburg an der Unstrut bei einem, allerdings tödlich endenden Scharmützel mit einem Wolf:

*»Als einstmals sie sprang  die Wiese entlang,*
*da rannte zu ihr  ein Wolf voller Gier,*
*den Kopf sie versteckte,  den Schwanz aber reckte.*
*Der Wolf näherkam,  den Schwanz er ihr nahm,*
*sie aber schlug drein,  erhob beide Bein',*
*und führte den Streit  gar längere Zeit.*
*Doch als sie empfand,  daß Kraft ihr entschwand,*
*da jammerte sie,  noch einmal sie schrie*
*zur Herrin in Not,  und dann war sie tot.«*

Nicht ohne Ironie beklagt ein anderes mittelalterliches Lied den Verlust des guten und doch zu Lebzeiten nicht hoch genug geschätzten Haustieres:

Des Esels Tod

*Des Bauern Esel, der lag tot;*
*Der Bauer war in großer Not*
*Und raufte sich die Haare:*
*›O weh, daß du gestorben bist!*
*Viel lieber läg zu dieser Frist*
*Ich selber auf der Bahre!*

*Die Kälte raffte dich dahin, –*
*Hätt' ichs geahnt in meinem Sinn,*
*Du solltest nicht erfrieren:*
*Ich gab dir Hemd und Wams sogleich,*
*Mit einem Schlafrock warm und weich*
*Wollt ich dich ausstaffieren.*

*Herr Pfarrer, bitte, laßt für ihn*
*Dreimal das Sterbeglöcklein ziehn,*

*Des Singens unvergessen!*
*Zur Kirche gehn wir allesamt*
*Und halten ihm das Totenamt,*
*Die Eselseelenmessen.*

*Es gerbt sein Fell der Lehrer baß,*
*Der Leib muß sein der Würmer Fraß,*
*Die Seele Flammen sengen.*
*Ihr Bauern, Hinz und Kunz und Hans,*
*Euch schenk ich hier den Eselsschwanz:*
*Geht hin und laßt euch hängen!‹*

*Die Stimme des Esels*

Immer wieder wird eine weitere, des Besingens wert gehaltene Eigenschaft des Esels angesprochen: die starke klagende Stimme.

»Etwas höchst Wunderliches war es, was bei diesen Angriffen die Perser unterstützte und den Skythen hinderlich war. Während diese nämlich auf die Perser eindrangen, wurden die Pferde mehrfach durch das Geschrei der Esel so sehr erschreckt, daß sie kehrt machten und voller Schrecken die Ohren spitzten. Sie hatten solche Töne noch nie gehört und solche Gestalten noch nie gesehen. Im Skythenlande werden nämlich weder Esel noch Maultiere geboren. Ja, es gibt im Lande keinen einzigen Esel und kein Maultier, weil es zu kalt ist. So erschreckten die Esel durch ihr Geschrei die Pferde der Skythen, und eine kurze Zeit waren die Perser im Vorteil.« So berichtet Herodot in seinen Historien vom Kampf des Perserkönigs Dareios gegen die Skythen. Und der römische Dichter Ovid gewinnt aus dem gleichen Phänomen ein abschreckendes Bild für die von ihm gelehrte Lebens- und Liebeskunst:

*»Ei, wie ist es häßlich, das Mündchen so weit zu verzerren,*
*oder zu schlucken und wiehern, schrill und gewaltig.*
*Also geräuschvolle Mädchen der Eselin gleichen,*
*die in der Mühle das Ohr mit lautem Schrei uns beleidigt.«*

Alfred Brehm hingegen schildert in seinem »Tierleben« eingehend die tieferen tierpsychologischen Gründe solcher inbrünstigen Lautstärke: »Bei uns fällt die Roßzeit des Esels in die letzten Frühlings- und ersten Sommermonate; im Süden ist er eigentlich das ganze Jahr hindurch brünstig. Der Hengst erklärt der Eselin mit dem ohrzerreißenden, wohlbekannten »I - a, I - a« seine Liebe, und hängt den langgezogenen, fünf- bis zehnmal wiederholten Lauten noch ein ganzes Dutzend schnaubender Seufzer an. Solche Liebeswerbung ist unwiderstehlich; sie äußert selbst auf alle Nebenbuhler ihre Macht. Man muß nur in einem Lande gelebt haben, wo es viele Esel gibt, um dies zu erfahren. Sobald eine Eselin ihre Stimme hören läßt – welch ein Aufruhr unter der gesamten Eselei! Der nächststehende Hengst fühlt sich überaus geschmeichelt, derjenige zu sein, welcher die für ihn so ansprechenden Töne sofort pflichtschuldigst beantworten darf, und brüllt aus Leibeskräften los. Ein zweiter, dritter, vierter, zehnter fällt ein: endlich brüllen alle, alle, alle, und man möchte taub oder halb verrückt werden über ihre Ausdauer. Ob dieses Mitschreien auf zartem Mitgefühl oder nur in der Lust am Schreien selbst beruht, wage ich nicht zu entscheiden; soviel aber ist sicher, daß *ein* Esel alle übrigen zum Brüllen anregen kann.«

Zweifellos ist die Stimme des Esels dem, der sie je gehört hat, eindrücklich und unvergeßlich. Kein Wunder, daß man, wie etwa in folgendem Balkanmärchen, gefragt hat, woher sie komme.

»Am vierzigsten Tage waren alle Tiere bei Vater Adam versammelt, und als sie sich in Herden aufgestellt hatten, fragte er jeden, was er gelernt habe. Da fingen alle nach der Reihe an ihre Kunst zu zeigen. Zuerst brüllte der Löwe mächtig, so daß alle Tiere erschraken. Da verlieh ihm Adam, daß er Zar über alle Tiere sein sollte. Als der Esel das sah, beneidete er den Löwen und brüllte ebenfalls aus Leibeskräften, aber kein Tier erschrak vor seinem Gebrüll, und Adam verlieh zwar dem Esel, daß er brüllen dürfe, aber so, daß niemand vor seinem Gebrüll und Geschrei erschrecke. Daher kommt es, daß der Esel immer brüllt, um die Tiere zu erschrecken, weil er meint, er sei ebenso gut wie der Löwe...«

Den stimmlichen Vergleich mit dem Löwen, mit dem der Esel in der Fabel ja oft konfrontiert wird, führt auch Thomasin von Zerklaere aus Friaul (geboren um 1186, † vor 1237) in seinem im Winter 1215/16 deutsch verfaßten umfangreichen Lehrbuch für den deutschen Adel »Der wälsche Gast« durch:

*»Langohrig Balduin, der fraß*
*eins Tags vom frischen grünen Gras.*
*Vor Freuden hüpfte er und sprang,*
*dazu ein Lied er schallend sang,*
*das weithin durch die Wälder schallt'.*
*Das Echo gab ihm Antwort bald.*
*Sein Schrei klang fürchterlich, so groß,*

*Georg Lemberger: Der Esel beim Sündenfall*

*daß es die wilden Tier' verdroß.*
*Die Tiere alle weit und breit*
*befiel jetzt große Ängstlichkeit;*
*sie scharten sich zu einem Haufen.*
*Zu ihnen kam der Löw' gelaufen;*
*er sprach: »Ein schneller Bot' soll fort*
*und eilen flugs an jenen Ort,*
*woher der Schall zu uns gedrungen,*

*erkunden, wer dort hat gesungen.*
*Wenn der bedroh'n kann unser Leben,*
*woll'n wir uns auf die Flucht begeben.*
*Dies ist mein Rat, prägt es euch ein.*
*Das Tier könnt' wohl mein Meister sein.‹«*

Allerdings fällt dann der biedere Esel dem brutalen Wolf zum Opfer, und es wird die überraschende Moral angeknüpft, ein Herr solle »stets sich davor hüten, die Leut' mit Droh'n zu überschütten«, denn er gewinne kein Ansehen, wenn er dem Worte nicht die Tat folgen lasse.

Ähnlich bringt der etwa von 1215 bis 1250 schaffende »Stricker« die erschreckende Stimme eines freiheitsdurstigen Esels mit dessen weiteren Schicksalen in dramatische Verbindung:

*»Es war ein Esel seiner Zeit,*
*der viele Säcke lang und weit*
*zu allen Zeiten mußte tragen,*
*da begann er bei sich selbst zu klagen.«*

Er verläßt also die Heimat und geht in eine andere Gegend, wo er durch die Kraft seiner »großen Stimme« den Besitzer einer Wiese und dann die Einwohner der Stadt zunächst gewaltig erschreckt; dann aber erkennen sie bald seine friedliche Natur und rächen sich an ihm für die ausgestandenen Schrecken durch besonders große Lasten und schlechte Behandlung, so daß er seufzend der früheren Lasten gedenkt.

*»So schlecht erging es ihm auf seiner Fahrt,*
*daß er gar manchen Mannes Esel ward.«*

Moral:
*»Wer schon daheim ein Tor ist,*
*begebe sich nicht erst in fremde Lande.«*

Als äußerst zweckmäßig schildert dagegen Georg Rollenhagen die erschreckend laute Stimme des Esels im Falle des »Abenteuers von Ochs, Esel, Hund, Katz, Hahn und Gans« (dem bekannten Märchenmotiv der Bremer Stadtmusikanten):

*»Der Esel sperrte auf den Rachen*
*und ließ sein ›Ii-Aa‹ schaurig krachen.«*

So werden die Raubtiere aus dem Waldgasthaus vertrieben. Auch als der Wolf später zur Erkundung der Lage zurückkehrt, sind die verbündeten Haustiere auf dem Posten und vertreiben ihn. Die Begegnung mit dem Esel wird auch dieses Mal akustisch wirksam. Der Wolf berichtet nachher seinen Genossen:

*»Und der Posauner blies und sprach:*
*›Eilt hinten nach! Eilt all' hernach!‹«* –

eine nette lautmalende Nachahmung des Eselsrufes.
Die Stimmen sind also unter den Tieren verschieden verteilt. Gottfried August Bürger vergleicht entsprechend den Esel und die Nachtigallen so:

*»Es gibt der Esel, welche wollen,*
*daß Nachtigallen hin und her*
*des Müllers Säcke tragen sollen.*
*Ob recht, fällt mir zu sagen schwer.*
*Das weiß ich: Nachtigallen wollen*
*nicht, daß die Esel singen sollen.«*

Matthias Claudius aber, ständig um freundliche Theodizeen bemüht, kehrt auch in diesem Fall alles zum Besten. Er läßt den Esel bekennen:

*»Hab nichts, mich dran zu freuen,*
*bin dumm und ungestalt,*
*ohn' Mut und ohn' Gewalt;*
*mein spotten und mich scheuen*
*die Menschen jung und alt;*
*bin weder warm noch kalt;*
*hab nichts, mich dran zu freuen,*
*bin dumm und ungestalt;*
*muß Stroh und Disteln käuen;*
*werd' unter Säcken alt –*
*ach, die Natur schuf mich im Grimme!*
*Sie gab mir nichts als eine schöne Stimme.«*

*Der komische Musikant*

Ob diese »Stimmlage« daran schuld war, daß der Esel in den gemeißelten und gemalten Bestiarien der Romantik und Gotik als der typische komische Musikant auftreten mußte? Während er gelegentlich ganz sachlich in seiner dienenden Eigenschaft als bescheidener Lastträger beim Bau dargestellt wird, gelten seine Darstellungen, soweit sie sich nicht auf – weiter unten zu behandelnde – biblische Szenen oder Allegorien beziehen, überwiegend der ironischen Darstellung seiner musikalischen Begabung. Man trifft ihn etwa in der Kutte als Dirigenten eines lärmenden Tierkonzertes auf einem Kapitell des 12. Jahrhunderts in der Kirche S. Maria Assunta in Parma. Auf einem Kapitell in der Krypta der Kirche von St. Parize-le-Châtel (Ende 11. Jahrhundert) sieht man ihn mit genießerisch geschlossenen Augen und begeistert aufgesperrtem Maule das dreieckige Psalterium zupfen: offensichtlich begleitet er den eigenen Gesang. Die Kirche St. Julien in Brioude weist ein ähnlich komisches Kapitell aus dem 12. Jahrhundert auf: dort spielen zwei Esel, zu deren Füßen ein einigermaßen überwältigter Löwe liegt, unter lautem Gesang Harfe, beide untergehakt mit freundlich lächelnden bärtigen Männern. Auf einer Miserikordie, die im Pariser Musée de Cluny aufbewahrt wird, sind zwei Esel hingebungsvoll an der Orgel beschäftigt. Dieses Bildmotiv, das, moralisch ausgelegt, den Hochmut verurteilen soll, ist zugleich einfach auch ein großer Spaß. Der Esel steht dabei übrigens in der Tierwelt keineswegs allein. Er teilt sein musikalisches Hobby mit Pferden, Ziegenböcken, Hunden und Schweinen. Daß er bei diesen Darstellungen aber einen gewissen Vorzug genießt, geht nicht etwa auf Einflüsse des »Physiologus«, sondern auf eine griechische Tradition zurück. Die Pythagoräer hatten gelehrt, der Esel sei unempfindlich für die Töne der Lyra und für Musik überhaupt am unempfänglichsten unter allen Tieren. Das hatte Phaedrus mit jener Fabel von dem Esel illustriert, in der dieser zunächst als anmaßender Musikant auftritt, dann aber seine Unzuständigkeit eingesteht. Aus dieser Tradition stammt die Redensart vom »Esel, der auf die Lyra hört«, oder der, wie der Kirchenvater Hieronymus sich ausdrückt, »höchst überflüssigerweise zur Lyra singt«.

Im bereits zitierten »Trost der Philosophie« (523/24) von Anicius M. S. Boethius fragt die Philosophie im Kerker im Anschluß an ihren Lobpreis des festen Herzens: »Empfindest du dies, dringt es in deinen Geist? Oder stellst du dich wie ›der Esel zur Leier‹?«

Sie zitiert dabei die griechische Fassung. Der Verbreitung dieses neben dem Vergil und der Bibel im Mittelalter meistgelesenen Buches, das uns in etwa vierhundert Handschriften überliefert ist, verdankt nicht zuletzt auch dieses Eselmotiv seine Häufigkeit.
Ein Märchen der Gebrüder Grimm, deren besondere Sympathie die Esel offenbar gefunden hatten, wendet das Motiv des lautenschlagenden Esels sogar ins Satirischpositive und läßt »das Eselein zu einem berühmten und erfolgreichen Spielmann« werden.
Ein spätes Echo des mittelalterlichen Motivs findet sich in der Fabel »Der Esel als Musikus« von Pierre Lachambeaudie:

*»Ein Esel sprach: ›Ihr sollt es hören,*
*wie ich die Laute schlagen kann.‹*
*Er spielt, da lachte jedermann,*
*doch ließ der Esel sich nicht stören.*
*Am Ende merkt er denn am Spott,*
*er tue keine Wunder.*
*›Wenn ich nicht spielte wie ein Gott‹,*
*sprach er, als sich der Kreis der Hörer trennte,*
*›so ist die Laute schuld, der schlechte Plunder!‹*
*Die armen Instrumente!«*

*Der faule Esel*

Hatten Cicero, Terenz und Vergil bereits vom »faulen Esel« gesprochen, so bemächtigte sich auch die Fabelliteratur des Motivs der *Trägheit und Faulheit* des Esels. Schon Äsop, der von so vielen »dummen Eseln« erzählt, weiß von einem Esel zu berichten, der sich aus Faulheit als recht intelligent erwies, wenn auch nicht mit Erfolg. Da ließ nämlich ein Händler seinen Esel immer wieder schwere Salzsäcke von der

Hafenstadt ins Land hinein tragen. Dabei mußte der Esel auch einen Fluß durchschreiten. Einmal glitt er aus und fiel ins Wasser. Sobald er das Wasser verlassen hatte, merkte er, daß die Last viel leichter geworden war, denn ein guter Teil des Salzes hatte sich aufgelöst. Das gedachte sich der Esel zu merken. Und als sie das nächste Mal wieder an den Fluß kamen, fiel er freiwillig ins Wasser. Jedoch sollte er sich seiner Schlauheit nicht lange erfreuen, denn der Händler hatte den Trick bemerkt. Als der Esel wieder einmal seine Säcke trug und wieder in den Fluß fiel und sich danach aufrichten wollte, merkte er, daß die Last viel schwerer als früher geworden war. Der Händler hatte nämlich statt Salz Schwämme in die Säcke getan, und diese hatten sich mit Wasser vollgesogen. So arbeitete sich der Esel nur mit Mühe und Not wieder ans feste Ufer, und von da ab trug er seine Säcke ohne Widerstreben.
Der »Magdeburger Äsop«, zu Beginn des 15. Jahrhunderts von einem »gelehrten Pfaffen« in niederdeutscher Sprache verfaßt, läßt den Esel zum Typus des »faulen Lebens« werden: Als »einst in Judäa« einem Mann ein Löwe starb, der ihm als Wachttier bei der Beaufsichtigung und Bewahrung des Viehs in Wald und Feld treu gedient hatte, half er sich damit, daß er seinen Esel in das Fell des Löwen steckte und als Wächter aufs Feld schickte. Der Esel aber kümmerte sich nicht um seine Aufgabe, sondern ging so lange »faulem Leben nach«, bis die wilden Tiere seine wahre Natur erkannten und ihn auffraßen.

Diese recht vordergründige Fabel findet ein überraschendes Gegenstück in einem zwar in heiter-humor-

*Esel und Löwe (Holzschnitt aus den Fabeln des Aesop)*

voller Volksliedform auftretenden, gleichzeitig aber eine schwere geistliche Erfahrung nicht unwürdig illustrierenden undatierten Gedicht in mittelniederdeutscher Sprache. Was unter anderen die große Mystikerin Mechthild von Magdeburg mit starker Bildkraft als harte Mühsal geschildert hatte: den Weg jener asketischen Zucht, bei der der Leib als Feind erfahren wird – das beschreibt die unbekannte niederländische Dichterin hier unter dem Joch der Minne, das der Leib, das »träge Eselchen«, nur schwer zu tragen lernt. Wir geben den Text gekürzt in freier Übertragung wider.

*Ich hab ein träges Eselchen,*
*das muß ich drängen und dringen:*
*Das ist mein viel zu träger Leib,*
*wie gern würd ich ihn zwingen!*

*Er liefert mir so manchen Streit,*
*er macht mir so viel Mühe.*
*O lieber Herr, das klag ich dir:*
*Hilf mir mein Eselchen führen!*

*Ist seine Krippe wohlgefüllt,*
*läßt sichs vom Wohlsein blenden.*
*Geht es nicht willig aus dem Trott,*
*muß ich Gewalt anwenden.*

*Am Abend will es schlafen gehn,*
*dazu muß mans nicht treiben,*
*doch soll es morgens früh aufstehn,*
*möcht es gern liegenbleiben.*

*Wenn solch ein Eselchen Not erfährt,*
*dann tut es nichts als klagen:*
*Der Minne Joch ist ihm zu schwer,*
*noch will es Hitze vertragen.*

*Ach wollte doch mein Eselchen*
*hier nur ein wenig leiden:*
*Auf dem heiligen Berg von Israel*
*da sollt es nachmals weiden.*

*Da ist ein Weideland so süß,*
*so gut ein jeder Bissen,*
*da sollte sich mein Eselchen*
*am rechten Orte wissen.*

*Die dieses Lied gedichtet hat,*
*sehnt sich nach Gottes Minnen,*
*sie hat ein träges Eselchen,*
*wie gern würd sie es zwingen!*

Das Bild ist alt. Bei Paulinus von Nola (353 – 431) findet sich der Vergleich: »Die starke Seele, die ihren Esel streng an die Zügel nimmt.« Hierzu gehört die mittelalterliche Bildsymbolik, derzufolge der Esel dem Laster der Trägheit (acedia) als Reittier dient. Der Fabeldichter Udo de Cirington hatte seinerseits in seinem berühmten Mönchsspiegel unter anderen mahnenden Gegenbildern aus dem Tierreich die Esel als Sinnbilder der Faulheit hervorgehoben.

1528 ließ Martin Luther ohne Nennung seines Namens und mit dem Vermerk, es handle sich um eine neue Fabel des Äsop, seine drastische Fabel »Vom Kampf zwischen Löwe und Esel um die Königswürde« erscheinen, die letzten Endes, wie die Anspielung auf das Kreuzeszeichen nahelegt, das Papsttum treffen sollte. Nach dem Tod des alten Löwen, des Königs der Tiere, beschließen seine Räte, den Löwen nicht anzuerkennen, sondern nunmehr nach ihrem Gefallen das Reich zu regieren und keinen starken Herrn über sich zu dulden. Sie veranlassen den Fuchs dazu, vor den Ständen des Reiches die Freiheit zu preisen, die mit der Wahl des Esels zum neuen König garantiert sei. Natürlich findet er auch theologische Gründe. »So trat der Fuchs auf vor des Reichs Ständen, räusperte sich und hieß Stillschweigen. Er fing an zu reden von des Reichs Not und schweren Sachen, trieb aber die ganze Rede dahin, daß der König schuld gewest wäre. Er machte das Löwengeschlecht so zunicht, daß der Haufe ganz abfiel. Als aber ein großer Zweifel aufkam, welches Tier zu wählen sein sollt, hieß er sie abermals schweigen und hören und gab des Esels Geschlecht an. Er bracht wohl eine Stunde zu, den Esel zu loben, wie der Esel nicht stolz noch tyrannisch wäre, viel Arbeit täte, geduldig und demütig sich zeige und andere Tier auch etwas sein

*Hans Burgkmair: Der Esel als Attribut der Trägheit*

ließe. Der Esel sei auch nicht grausam, fresse andere Tier nicht, ließe sich an geringer Ehre und geringem Zins begnügen. Als nun der Fuchs merket', daß solchs der Menge kitzelte und wohlgefiel, da tat er den rechten Zusatz und sprach ›Vor allem, liebe Herrn, haben wir zu bedenken, daß er vielleicht auch von Gott dazu verordnet und geschaffen sei; das könnt man wohl daran merken, daß er ein Kreuz ewiglich auf dem Rücken trägt!‹ Da der Fuchs des Kreuzes gedacht, entsetzten sich davor alle Stände des Reichs und riefen mit großem Schall: ›Nun haben wir den rechten König funden, welcher kann beide, weltlich und geistlich Regiment, verwesen.‹ Da pries ein jeglicher etwas am Esel: Einer sprach, er hätte feine lange Ohren, die wären gut zum Beichte hören, der andere sagte, er hätte auch eine gute Stimme, die wohl dazu taugte, in den Kirchen zu predigen und zu singen. Da war nichts am ganzen Esel, das nicht königlicher und päpstlicher Ehren wert gewesen wäre. Aber vor allen anderen Tugenden leuchtete das Kreuz auf dem Rücken. Also ward der Esel zum Könige unter den Tieren erwählet.«

Unter der Führung des Hundes erhebt sich jetzt doch eine Fronde gegen diese Lösung: »Der Esel, ob er das Kreuz auch schön auf dem Rücken trüge, so könnte das doch ein Schein und nichts dahinter sein, wie alle Welt durchs Gleißen und falschen Schein betrogen wird. Der Löwe hätte seine Tugend oft durch die Tat beweiset, der Esel aber hätte keine Tat gezeigt.«

Kurz, es wird beschlossen, zwischen dem Esel und dem jungen Löwen einen Wettkampf um das Reich zu veranstalten. Den ersten Kampf gewinnt der bequeme und tollpatschige Esel nur durch listiges Reden des Fuchses. Nun soll die zweite Runde zwischen Löwe und Esel allein ohne Begleitung ausgetragen werden. »Es gilt«, sprach der Löwe, »welcher das behendeste Tier fängt.« Und er lief zum Holze hinein und jagte, bis er einen Hasen gefangen hatte. Der faule Esel dacht: Es will mich das Reich zuviel Mühe kosten, legte sich auf den Platz nieder und ließ wegen der großen Hitz die Zunge heraushängen. Indes kam ein Rabe, der meinet, es sei ein Aas, setzt sich nieder auf des Esels Lippen und wollt essen. Da schnappte der Esel zu und fing den Raben. Als nun der Löwe kam fröhlich gelaufen mit seinem Hasen, fand er den Raben in des Esels Maul und erschrak. Kurz, für den Löwen war es verloren, und es begann ihm nun selbst zu grauen vor dem Kreuz des Esels. Doch wollte er das Reich nicht gerne hergeben und sprach: »Lieber Esel, es gilt noch eins um guter Gesellen willen; aller guten Ding sollen drei sein.« Der Esel nahm es an, tat es wohl halb aus Furcht, weil er allein mit dem Löwen war. Der Löwe sprach: »Jenseits des Berges liegt eine Mühle. Wer am ersten dahin kommt, soll gewonnen haben. Willst du unten entlang oder über den Berg laufen?« Der Esel sprach: »Lauf du über den Berg.« Der Löw, als im letzten Kampf, lief, was er nur laufen konnte. Der Esel blieb still stehen und dacht: Ich werde doch zum Spott und mache mir müde Bein, so ich laufe. Ich merke wohl, der Löwe gönnet mir doch die Ehre nicht, so will ich auch nicht umsonst mich anstrengen. – Als der Löwe über den Berg kam, da sah er einen Esel vor der Mühlen stehen. »Ei«, sprach er, »hat dich der Teufel schon hergeführet? Wohlan, noch einmal zurück an unsern Ort!« Da er aber wieder zurück kam, sah er den Esel abermals da stehen. »Zum dritten Mal auch«, sprach er, »wieder zur Mühlen!« Da sah er zum dritten Mal den Esel dastehen: Der Löwe mußte dem Esel gewonnen geben und bekennen, daß mit dem Kreuz nicht zu scherzen ist. Also blieb der Esel König und regierte sein Geschlecht bis auf diesen Tag gewaltiglich in der Welt unter den Tieren.

*Der dickfellige Esel*

Immer wieder geht es in den Fabeln um Ambitionen, Petitionen und Beschwerden des sich benachteiligt fühlenden Esels. Lessing, dessen Eselfabeln es im allgemeinen nach klassischem Vorbild mit der Dummheit des Grautiers zu tun haben, hat sich doch auch der Klage der Esel über ihre schlechte Behandlung nicht verschlossen:
»Die Esel beklagten sich bei dem Zeus, daß die Menschen mit ihnen zu grausam umgingen. ›Unser starker Rücken‹, sagten sie, ›trägt ihre Lasten, unter welchen sie und jedes schwächere Tier erliegen müßten. Und doch wollen sie uns, durch unbarmherzige Schläge, zu einer Geschwindigkeit nötigen, die uns durch die Last unmöglich gemacht werden würde, wenn sie uns die Natur nicht ohnehin versagt hätte. Verbiete ihnen, Zeus, so unbillig zu sein, wenn sich die Menschen überhaupt etwas Böses verbieten lassen. Wir wollen ihnen dienen, weil es scheint, daß du uns dazu erschaffen hast; allein geschlagen wollen wir ohne Ursach nicht sein.‹ – ›Mein Geschöpf‹, antwortete Zeus ihrem Sprecher, ›die Bitte ist nicht ungerecht; aber ich sehe keine Möglichkeit, die Menschen zu überzeugen, daß eure natürliche Langsamkeit keine Faulheit sei. Und so lange sie dieses glauben, werdet ihr geschlagen werden. Doch ich sinne, euer Schicksal zu erleichtern. Die Unempfindlichkeit soll von nun an euer Teil sein; eure Haut soll sich gegen die Schläge verhärten und den Arm des Treibers ermüden.‹ –
›Zeus‹, schrien die Esel, ›du bist allezeit weise und

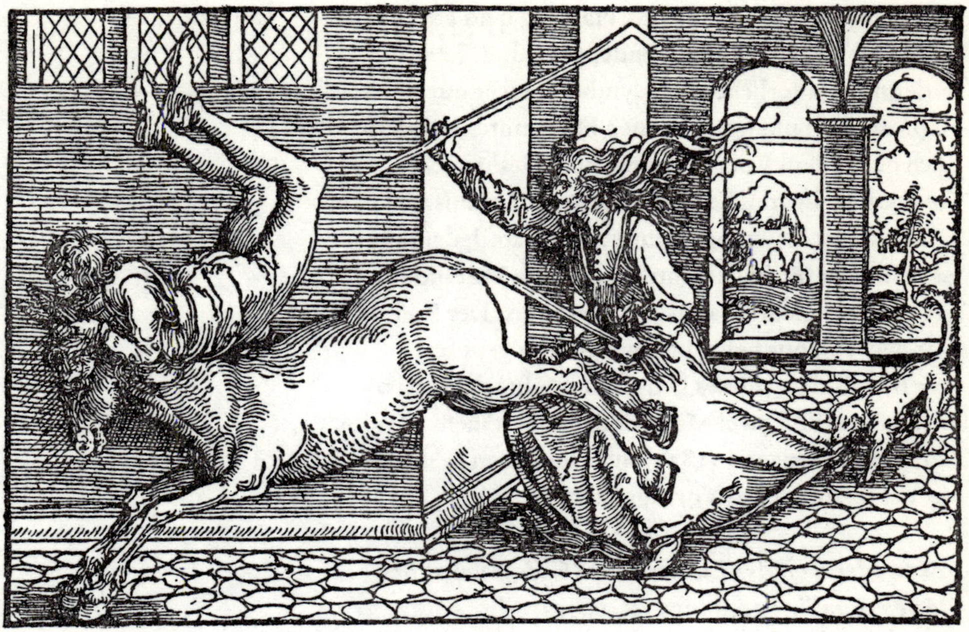

*Bockender Esel*

gütig!‹ Und sie gingen erfreut von seinem Throne, als dem Throne der allgemeinen Liebe.«
Hier darf man also auch die jeden pädagogischen Effekt zunichte machende Dickfelligkeit
des Esels begründet sehen. Diese Störrigkeit und Sturheit, die den Esel in zahlreichen Fabeln kennzeichnet und die sein Realverhalten sicher treffender als das Stichwort »Dummheit« bestimmt, ist übrigens von den Rabbinen beobachtet und exemplarisch in den ersten Kapiteln der Genesis lokalisiert worden: Als alle Tiere auf den Ruf Noahs gehorsam in die Arche gingen, weigerte sich der Esel besonders lange und hartnäckig, dem Ruf zum Ungewohnten Folge zu leisten.

*Der geile Esel*

Vielleicht hat die abwertende Haltung dem Esel gegenüber aber auch noch einen anderen Grund. Er war in der mittelalterlichen Tiersymbolik nicht nur der Repräsentant unangemessenen Hochmutes, sondern auch der bedenklich exzessiven Fleischeslust, der *Geilheit*. Es liegt nahe, die Ursache in der auffallenden Größe seiner Zeugungsorgane zu suchen. Jedenfalls ist wohl hier die in der Antike geläufige Verbindung des Esels mit dem Priapuskult verankert. Der Esel war dem Priapus heilig und wurde ihm geopfert. Zur Begründung dieses Umstandes führt der Lexikograph Forcellini zwei Möglichkeiten in seinem »Totius Latinitatis Lexicon« (1831) an, von denen er offenbar der letzteren den Vorrang gibt:

*»Entweder weil der Esel in seiner Gefräßigkeit den Gärten feindlich gesonnen ist, oder weil er einstmals im Hinblick auf die Größe seines Gliedes im Wettstreit mit Priapus trat und, besiegt, zum Tode verurteilt wurde (während Laktanz erzählt, Priapus sei unterlegen); oder aber, weil er durch sein lautes Geschrei den Priapus erschreckte, der gerade mit Vesta schlief (so Ovid).«*

Sobald diese mythologischen Zusammenhänge moralisch gewertet wurden, mußte der Esel negativ eingestuft werden. So gerät er trotz aller biblischen Rehabilitierung immer wieder in die Symbolbezüge des Teufels. Dabei mögen Einflüsse der ägyptischen Tradition wirksam geworden sein, in der der Esel als Widersacher der göttlichen Mächte, als Feind der Sonne und des Osiris erscheint.

*Der Esel als priapeisches Tier*
*(Malfatti, Padua 1615)*

Sicher nicht ohne Einwirkung dieser ägyptischen Symbole und Riten nährt der »Physiologus« seine verblüffenden Vorstellungen vom ungezähmten Vetter des geplagten lasttragenden Haustieres, dem *Wildesel.*

Bei ihm besteht ebenfalls die Beziehung zum Geschlechtlichen. Der »Physiologus« gibt eine auf Aristoteles zurückverweisende Schilderung des Plinius weiter, wonach zu der Zeit, da die Eselsstuten werfen, der Leithengst, der Vater, reihum geht und jedes Fohlen untersucht. »Und wenn ein männliches geboren wurde, dann beißt er ihm die Hoden ab, damit es keinen Samen bekommt. Und von ihm haben auch die Perser Eunuchen machen gelernt.« Gefolgert wird, unter Bezug auf Matth. 19, 12, daß die freiwillige Enthaltsamkeit, die himmlischen Samen für sich sucht, löblich, das gewaltsame Abschneiden der Körperteile aber strafwürdig ist. So verdient das Verhalten des Wildesels also kein Lob.

Als förmlich teuflisch manifestiert sich – ein besonders groteskes Exempel der allegorischen Sprünge des »Physiologus«! – eine andere Eigenschaft des Wildesels: »Es sprach der Physiologus, er befinde sich in den Königspalästen und am 25. Tage des Monats Phamenoth schreiet er zwölfmal, und dann merkt der König und sein Gesinde, daß jetzt Tag- und Nachtgleiche ist. . . Der Wildesel ist der Teufel. Wenn nun die Nacht, das ist: das Volk der Heiden, gleich geworden ist dem Tag, das ist: der Zahl der Gläubigen und Propheten, dann schreit der Wildesel, nämlich der Teufel.«

Der Physiologus-Text bezieht sich, wenn er auf den Wildesel zu sprechen kommt, ausdrücklich auf Hiob

▲ *Eselsherde. Kalksteinrelief aus Ägypten*
◀ *Meister Bertram, Die Erschaffung der Tiere (Hauptaltar von St. Petri, Kunsthalle Hamburg)*

39,5: »Wer hieß in Freiheit den Wildesel laufen? Wer hat seine Bande losgemacht?« Dieser Text gehört zu den sprachlich gewaltigsten und schönsten Stellen des Hiob-Buches: Gott selbst demonstriert dort dem verstummten Hiob die unfaßbare Vielfalt und Herrlichkeit seiner Schöpfung. Inmitten anderer Tiere, die fern von den Menschen in genuiner Freiheit leben – Steinbock, Gazelle, Wildstier –, erscheint da auch der Wildesel als der Typus einer Freiheit, die Gott offenbar bejaht; einer Unzähmbarkeit, die mit der Unmöglichkeit zu vergleichen ist, die Größe des Schöpfers maßregelnd in das kleine Menschenhirn einzufangen. Hrabanus Maurus kann in seinen »Allegoriae in Sacram Scripturam« sogar mit Bezug auf die gleiche Hiobstelle diesen Wildesel entschieden als das Vorausbild Christi bezeichnen – weil Gott den Menschen durch Christus aus der Gefangenschaft in der Sterblichkeit freigemacht habe.
Es ist von dem biblischen Text her unbegreiflich und nur von der negativierenden Physiologus-Tradition her zu begründen, wenn Paul Claudel in seinem »Kleinen geistlichen Tierbuch (Le Bestiaire Spirituel)« an den im genannten Hiobtext aufgezählten Tieren »hervorstechende Eigenschaften des abtrünnigen Engels«, des Teufels also, feststellen zu müssen meint: »etwas Ungezähmtes, Anarchisches, Ungeselliges, Heftiges, Gieriges und Aufrührerisches...« Seine Deutung dieser Wildeselstelle ist dementsprechend völlig negativ, so sehr, daß man erstaunt von neuem bei Hiob nachliest, um einen Grund für diese Invektive zu finden. Die Beschreibung Claudels lautet: »Man denkt an alte Lebemänner, wie man sie in Kaffeehäusern antrifft, immer auf der Suche nach zartem Gras, die

meiste Zeit dazu verurteilt, sich mit zählederner Quecke und Moderwasser zu begnügen. Seht nur, wie sie stumpfsinnig vor diesem trüben Absud hocken. ›Danach verlangen in ihrem Durst die Waldesel‹, sagt der Psalm. Der Waldesel ist das Sinnbild des Aufwieglers, des Widerspenstigen, des Menschen, der sich gegen alle äußeren Verpflichtungen sträubt und nur den Einflüsterungen der Erbsünde willig Gehör schenkt. Er ist der Sonderling, weder Bürger einer Stadt noch Anhänger eines Glaubens. Auf der Erde ist er nicht zu Hause, er fristet auf ihr nur sein Dasein, ein trübsinniger, von allerlei Verlangen gepeitschter Schmarotzer, unaufhörlich nach Salz gierend. Dieser Überfluß einer noch nicht bewässerten Erde, auf der alle andern Tiere – je nach Ort und Jahreszeit – die ihnen gemäße Äsung finden, ist ihm nur dargeboten, um seinen Blick nichtstuerisch darüber schweifen zu lassen. Statt den Magen zu sättigen, saugt er sich die Augen voll mit dem rechtmäßigen, ihm versagten Gegräse.« Die Stichworte »Lebemann« und »Gier« scheinen auf der oben erwähnten Physiologus-Stelle und ihren Folgen zu beruhen. Es ist überdies aber auch völlig absurd, aus der angezogenen Psalmstelle (104, 10 f.) etwas Negatives herauszulesen. In dem Text geht es vielmehr um die allgemeine Freude an den Werken Gottes, »der Quellen ausschickt in die Täler – zwischen Bergen gehen sie dahin: sie tränken alles Getier des Feldes, Wildesel löschen ihren Durst.« Diese Quellen sind das Gegenteil von Moderwasser.

Der bayerische Barockprediger Aegidius Albertinus kann dann auch den Wildesel zum höchst positiven Exempel machen: »Der Waldtesel kan den Durst ein

*Behendigkeit*

lange zeit außstehen, und trincket nit, biß er ihm ein angenemes Wasser findt, derwegen trinckt er kein trübes Wasser. Das Wasser, welches einem Christen nit gebüret und unheilsamb, ist die Weltliche Weißheit oder zeitliche wolfahrt, dann das ist das trübe Wasser und stinckt nach Lastern: Aber nichts taugt ihm besser als das klare Wasser der Göttlichen Weißheit und ewigen Wolfahrt. Wann derwegen der Waldtesel, das ist der gerecht, in dieser Welt ein trübes Wasser der Weltlichen scientzen und wollüsten findet, soll ers nit trincken noch es ihm einverleiben vermittelst der affection, sondern vilmehr soll er Durst leiden und mit lieb unnd verlangen so lang warten biß er nach diesem leben das Wasser der ewigen Seligkeit findet und mit der Göttlichen scientz und liecht erleucht wirdt... Die Thier des Ackers diser Welt, das ist, die Advocaten unnd Reichen und Weisen, werden in disem Leben das trübe Wasser der Glückseligkeit unnd Weltlichen scientzen trincken. Aber die Waldtesel, das ist, die gerechte Männer, werden mit Durst unnd verlangen warten, biß sie ein anders Wasser der ewigen Wollust uberkommen.«

»So wohnen derwegen dise Waldtesel in den hohen orten, im Standt der Vollkommenheit, oder auff der Waid deß Gebetts, contemplation, lehr unnd andacht, dieselbe sollen sie niemaln verlassen, sonder mit der Confession, Bekennung und Dancksagung starck schreyen, vermüg der wort Jobs: Schreyet nit der Waldtesel wann er Graß hat?

Der Waldtesel schreyet und lest sich hören alle stundt deß tags und der nacht: derwegen schreyet er im aequinoctio täglich zwölff mahl, und des nachts zwölff mahl, nemlich am zwölfften Tag Martij. Diser gestalt können die Affricaner durch sein geschrey das aequinoctium erkennen. Eben ein solcher Waldtesel soll sein der Praelat oder Prediger, und soll den Affricanern, daz ist, den Weltmenschen, so durch die hitz des Geitzes erdüret seynd, die stunde des tags und der nacht, das ist, die puncten und eigenschafften der Sünden, der Welt, der Höllen, der Gnaden und Paradeises, der ewigen straff und glorj, verkünden, auff daß also ihnen das aequinoctium der Göttlichen Gerechtigkeit, Urtheils und Gerichts bekandt werde...

Beschließlichen hat der Waldtesel einen subtilen Geruch, und wann derwegen er in der lieb erhitzt ist, unnd nit waiß wo sein Weibl ist, alßdann steigt er auff den Berg, zeucht mit offnen Naßlöchern den Windt zu sich, und erkennet also das ort, da sich sein Weibl auffhelt. Der Waldtesel ist der Mensch, aber das Weib, mit dern er sich vereinigen soll, ist das ewige leben, oder es ist Christus, oder die allerheiligste Jungfraw: Wann derwegen der Mensch in der lieb erhitzt ist, soll er steigen auff den Berg der contemplation, und Gott und die Himmlische Ding betrachten, und die Nase seines Hertzens auffthun, vermittelst der affection, und den Windt deß Heiligen Geistes an sich zihen durch das Gebett, diser gestalt wird er sein Weib finden unnd suchen, vermittelst der guten Werck, unnd erlangung der ewigen Seligkeit, vermüg der Wort: Die Waldtesel stunden auff den hohen Büheln unnd schnapten nach dem Lufft wie die Trachen« (Der Welt Schaw-undTummelplatz, 1612).

*Der biedere Esel*

Abgesehen von dieser Sonderentwicklung gilt der Esel auch in der Literatur als *bieder, demütig,* ja *förmlich fromm.* Der Berner Dominikaner Ulrich Boner (Mitte 14. Jahrhundert) und Eucharius Eyring (1520–1597) bedichten beide den vertrauten Erzählstoff von Vater und Sohn, die einen Esel vor sich hintreiben und dem Spott der Leute nicht zu entgehen vermögen, ob sie nun den Esel ledig laufen lassen, abwechselnd oder gemeinsam auf ihm reiten oder ihn schließlich an einer Stange tragen. Der Esel ist in der Erzählung völlig passiv, ein nützliches Tier, nichts weiter. So hatte ihn bereits der Marner in der Mitte des 13. Jahrhunderts als biederen, passiven, wenn auch nicht stummen Dritten in einem Streit zwischen Fuchs und Wolf geschildert.


Gutmütig und rechtschaffen erscheint er in der Fabel

des holländischen »Dialogus creaturarum«: »Einst sägten ein Wolf und ein Esel zusammen an einem Brett. Oben auf dem Schragen arbeitet einfältig der Esel, unten zog voll Tücke der Wolf, denn er wollt eine Gelegenheit finden, den Esel zu verschlingen. So fing er an sich zu beklagen und sprach also zu dem Esel: ›Warum streuest du mir die Sägespäne in die Augen?‹ Antwortet der Esel: ›Ich tu nicht so, wahrlich ich führe die Säge einfach und gerade. Wenn du aber oben sägen willst, soll es mir lieb sein, dann will ich unten lustig ziehen.‹ Antwortet der Wolf: ›Wart nur, wenn du mir die Späne in die Augen bringst, will ich dir deine auskratzen.‹ Und als sie weitersägten, fing der Wolf an, fest in die Sägespäne zu blasen, damit sie dem Esel in die Augen kämen. Die Sägespänchen aber fielen zurück und flogen dem Wolf in die Augen, so daß er sich im Schmerz krümmt und er wollt den Schragen umwerfen. Nach Gottes Willen aber fiel der nach innen zusammen und schlug den Wolf tot. Der Esel aber sprang herunter und war heil und sprach: ›Mancher muß durchs Schwert umkommen, mit dem andere zu töten er unternommen!‹«

In der erfolgreichen Fabelsammlung Heinrich Steinhöwels (1476/77) dient gerade die Demut des Esels aber zum Exempel »von der Verkehrung der Zeit und des Glücksrads« und zur Warnung, »daß die Glücklichen und Gewaltigen nicht sollen Schmach erzeigen noch Unrecht tun, sondern sie sollen bedenken, daß das Glück einfältig ist und sich bald verkehret.« Da heißt es in der Fabel »Von dem Hengst und dem Esel«: »Ein schöner Hengst mit güldenem Sattel, Zaumzeug und köstlicher Roßdecke wohl gezieret,

*Hochmut auf dem Rad der Fortuna*

begegnet' dem müden, beladenen Esel in einer engen Straßen. Der müde, überladene Esel konnt dem Hengst vor Müdigkeit und Beschwernis nicht schnell aus dem Wege weichen. Darum sprach der Hengst zu ihm: ›O wie sehr muß ich mich beherrschen, um nicht in deinen Bauch zu schlagen, weil du mir, deinem Herrn, nicht entweichest und stillstehst, bis ich vor dich komme.‹ Der Esel erschrak gar sehr über dies Drohen und den großen Übermut, er erseufzete, rief die Götter an und trottete vor sich hin. In nicht langer Zeit danach wurde der Hengst zuschanden geritten durch überaus schnelles Laufen und hatte fürbaß böse Pfleg und ward sehr mager und dürr. Da ließ ihn der Herr in das Dorf geben, Mist auf die Äcker zu fahren. Also legt' man ihm an das Ziehgeschirr und trug ihm große Arbeit auf, so viel, daß er ganz elend ward. Auf eine Zeit grasete der Esel auf einer Weid und sah dort den Hengst elend und unselig einherziehen. Er erkannte ihn und sprach ihm also zu: ›O du Elender, wozu ist dir dein köstliche Kleidung nutz gewesen? Wo sind deine köstlichen Sattel und Zaumzeug, wo ist die schöne Gestalt deines Leibes, wo ist dein hochfährtige Trotzigkeit gegen mich müden Esel? Du mußt nun bleiben in unserem Bauernorden, dir ist dein Übermut gar vergangen, und du wirst nun von den Armen verspottet.‹«

Mit ähnlichen Trostgründen beantwortet in der Fabel »Die Klage der Esel« bei Erasmus Alberus ein alter Esel die Lamentationen seiner jüngeren Genossen:

*»Ein Esel zu dem andern sagt':*
*›Wir Esel werden sehr geplagt*
*und auch gemartert Tag und Nacht.*
*Dazu noch werden wir veracht,*
*und ob wir gleich das Best getan,*
*so quält und neckt uns jedermann.‹*

*Ein junger Esel sprach dabei:*
*›Ich glaub nicht, daß auf Erden sei*
*ein Tier, das man wie uns so plagt.‹*
*Darauf ein andrer Esel sagt',*
*der hieß mit Namen Schneckenart:*
*›Wir armen Esel sind so hart*
*von unsern Herrn geplagt, ich acht,*
*daß uns der Teufel hat gemacht!‹*

*Zuletzt ein alter Esel sprach:*
*›Ihr lieben Brüder, tut gemach,*
*all euer Klagen ist nichts wert,*
*der liebe Gott hat's uns beschert.*
*Gott hat uns Tieren allesamt*
*eim jeglichen ein eigen Amt*
*befohln und auferlegt, als Er*
*im Anfang Himmel, Erden, Meer*
*und alle Dinge nach seinem Rat*
*geschaffen und verordnet hat.*

*Demnach, wenn man den Acker ehrt,*
*so dienen Ochse dort und Pferd.*
*Und wenn die Ochsen haben schon*
*das Best getan, ist das ihr Lohn,*
*daß sie der Metzeler hinricht':*
*das tut man unsereinem nicht.*
*Wir leiden nichts als tragen Säck...‹«*

Und er weist auf die mühevolle Tätigkeit der Katzen und Hunde und vor allem auf das Geschick der Schweine, Schafe, Gänse und Hühner hin. Ein junger Esel aber ist mit dem aus dieser Anordnung hervorgehenden Prinzip der Ungleichheit nicht einverstanden und hadert deswegen mit Gott:

*»Es dünkt mich, daß es sei nicht recht,*
*daß jener Herr ist, dieser Knecht,*
*daß einer arm, der andre reich,*
*Gott hat uns wohl auch alle gleich*
*gemacht, als er beim Machen war.*
*Wir Esel werden immerdar*
*vor andern Tieren sehr beschwert.*
*Das neidig Pferd sich besser nährt*
*und trabt umher mit großer Pracht.*
*Gott hat uns alle gleich gemacht!*
*Dem Hengst wird's freilich niemals schwer,*
*wenn er so prächtig trabt daher.*
*Gott hat die Sach nicht recht bedacht,*
*er hätt' es sonst nicht so gemacht.«*
Da wird der Alte unwillig:
*»Wer sich dünkt weis,*
*der seh, daß er sich nicht bescheiß*
*in seiner hohen Weisheit gar.*
*Macht' Gott nicht recht, so tritt du dar*
*und mach es besser. Triff's auch fein,*
*so wirst du Gottes Meister sein,*
*und's wird den Esel jedermann*
*als seinen Herrgott beten an.«*

Und er berichtet von dem großen Heer, das der Kaiser zum Schutz Wiens gegen die Türken aufbot; davon waren »alle reisigen Pferde« betroffen, »die mußten Leib und Leben wagen und auch noch einen Reiter tragen«. Dieses Argument klärt die Streitfrage befriedigend.

*»Als das der Esel Schar vernahm,*
*je einer zu dem andern kam*

*und sprach: ›Du lieber Bruder mein,*
*wir sollten billig dankbar sein*
*dem lieben Gott, der uns solch Glück*
*bescheret hat, daß unser Rück*
*mit keinem Reiter wird beschwert.*
*O Gott, laß uns nur nicht mehr klagen,*
*wir willig unsern Müllern tragen*
*die Säck zur Mühle und hinaus,*
*eim jeglichen bis vor sein Haus.‹*

*Da fingen sie auf einem Plan*
*bei Arensburg zu hüpfen an*
*und hielten einen Singetanz,*
*ein jeder trug den Distelkranz.*
*Der Esel Lied, das lautet' so:*
*›Wir Esel sind gar mächtig froh,*
*daß wir nicht brauchen ziehen aus*
*und haben gut Gemach zuhaus.*
*Kein Esel nimmermehr nichts klag,*
*wir Esel han den besten Tag.*
*Weshalb wir singen, tanzen sehr,*
*Säck tragen ist uns eine Ehr!‹«*

Diese bescheidene Dienstbarkeit wird dann auch von den Meistersingern Hans Sachs und Hans Pezold am 20. April 1533 in der Gesangweis Römers als »schlichte und fromme« Treue gepriesen, die sich gegenüber den listigen Anschlägen des Fuchses, des Wolfes, des Bären und des Hasen in entwaffnender Offenheit bewährt. Sancho Pansa ist aus inniger Erfahrung berufen, das Lob aller Esel Spaniens in dem Lob seines eigenen Grautieres zusammenzufassen: »Ich habe einen Esel, der zweimal mehr wert ist als das

*Der Esel als Lasttier armer Leute*

Pferd meines Herrn.« Und Gottfried August Bürgers recht entmythologisierte Vorstellung von der »Menagerie der Götter« gipfelt denn auch in dem Lob des geduldigen, biederen Esels:

*»Vor allen Tieren groß und klein,*
*die sich bei Göttern mästen,*
*behagt Silenus' Eselein*
*nach meinem Sinn am besten.*

*Es ist fürwahr ein feines Vieh*
*von sondrer Zucht und Ehren*
*und läßt von vorn und hinten nie*
*was Unverschämtes hören.*

*Mit sich und seinem Herrn vergnügt,*
*geduldig allerwegen,*
*nimmt es vorlieb, so wie sich's fügt,*
*mit Marzipan und Schlägen.*

*Es weiß zum Keller hin und her*
*den Weg von selbst zu finden,*
*und braucht man gar nicht drüber her*
*den Reiter festzubinden.*

*Piano klimmt's den Berg hinan,*
*piano geht's bergrunter*
*und wirft den alten trunknen Mann*
*kein einzig Mal herunter.*

*So einen Esel wünscht ich mir!*
*Silen, wirst du einst sterben,*
*so laß das gute Biedertier,*
*laß, Vater, laß mich's erben!«*

Treue ist eine Form der Geduld. So bietet auch die Fabel des Burkhard Waldis »Vom müden Esel« ein Konterfei des schlichten Aushaltens im Regelmaß der Widrigkeiten:

*»Eim Esel in dem Winter hart*
*gar sauer oft sein Leben ward.*
*Das harte Stroh war seine Speis.*
*Als er mußt gehn auf blankem Eis,*
*da wünschte er, daß Frühling käm*
*und ihm die harte Arbeit nähm.*
*Er sprach: ›Was wird mir jetzt zum Fraß?*
*O lief ich doch durch grünes Gras!‹*
*Im Mai der Herr den Esel trieb*
*zur Ziegelei mit manchem Hieb.*

*Dort mußt er Ton und Ziegel tragen,*
*kriegt' selten Futter, ward geschlagen.*
*›Der Sommer ist nun nicht mehr weit‹,*
*dacht er, ›wird in der Erntezeit*
*mein Herr mich dann daheim vergessen,*
*will ich mich satt an Disteln fressen.‹*
*Wie es zur Ernt im Sommer kam,*
*sein Jammer doch kein Ende nahm,*
*mußt Weizen tragen in den Säcken,*
*die waren groß, man könnt erschrecken.*
*Er dacht: ›Gott geb, der Herbst bald kumm,*
*dann ist die Arbeitszeit herum!‹*
*Doch weh, sobald der Herbst begann,*
*fing neue Arbeit für ihn an:*
*Da wurden Apfel, Birne, Nuß*
*geerntet, dran war Überfluß.*
*Auch Mandeln, Feigen, Trauben, Wein*
*mußt er in Haufen tragen ein.*
*Das dauert' viele lange Tag.*
*Der arme Esel fast erlag.*
*Er sprach: ›Man will mir nichts gewähren;*
*ich tu den Winter jetzt begehren.*
*Denn wo ich bin, gibt's keine Ruh.*
*Gott geb mir nur Geduld dazu!‹«*

Nur der Glaube, so betont die angefügte »Moral« des Dichters, kann durch diesen anscheinend nicht endenwollenden Lebenslauf hindurch das Ende erhoffen:

*»So läßt es Gott mit uns geschehen,*
*als tät er durch die Finger sehen,*
*auf daß gefegt wir werden fromm*
*und bitten, daß sein Reich uns komm.«*

*Der fromme Esel*

Von einem Esel Einsicht in diese Perspektive zu verlangen, ist in der Tat recht viel verlangt. Aber gestützt auf die – weiter unten noch näher zu betrachtende – Tradition um Bileams Eselin hat das alte Judentum mit großer Selbstverständlichkeit Geschichten von *»frommen Eseln«* erzählen können. Der fromme Esel des Rabbi Josse zum Beispiel ging, sobald er von dem, der ihn gemietet hatte, allein mit dem Geld auf dem Rücken heimgeschickt wurde, nicht nach Hause, sobald es sich um zuviel oder zuwenig Geld handelte. Denn er wollte weder den Vermieter noch den Mieter zu Schaden kommen lassen. Der Esel des Rabbi Pinchas ben Jair war noch frommer. Er weigerte sich, Stroh zu fressen, das nicht verzehntet war, und veranlaßte so seinen Besitzer zu dem berühmt gewordenen Ausruf: »Dies arme Tier ist auf dem Wege, den Willen seines Schöpfers zu erfüllen, und ihr gebt ihm Verbotenes zu essen!« Die Tiere in der Arche sind »Gerechte« im religiösen Sinn. So ist es auch als ernsthafte theologische Aussage gemeint, wenn ein Rabbi die Gewohnheit hatte, den Erde tragenden Eseln den Rücken zu tätscheln und zu ihnen zu sagen: »Eilet, ihr Frommen, den Willen unseres Herrn zu erfüllen!«

Danach kann es ebenfalls nicht überraschen, wenn heute, etwa bei Christopher Fry im »Schlaf Gefangener«, die Figur des Esels in mehreren Ebenen auftaucht: als das Tragtier, das Abraham und Isaak auf den Berg der Opferung begleitet, als der Strandesel, mit dem die Jugenderinnerungen des kleinen Peter (Isaak) verbunden sind, und schließlich als die Zeit (das Millennium), die in der Geschichte Gestalt wird, die unsere Menschenlast trägt und uns gleichzeitig unbarmherzig voranbringt. In diese Bilder sind biblische und die Bibel allegorisch interpretierende Aussagen über den Esel spürbar eingedrungen. Diesen Aussagen haben wir uns jetzt zuzuwenden.

▲ *Musizierende Esel. Kapitell aus der Kirche St. Julien de Brioude*

▲ *Esel-Mosaik 3. Jahrh., Basilika Aquileja*
▼ *Esel verweigert Futter. Mosaik aus Kahrie Djami (Istambul)*

# III. Der Esel in der Bibel

*Esel ohne Mythos*

In der Bibel befindet sich der Esel durchaus nicht unter den mythisch bestimmten Tieren. Auch die tierpsychologischen Ansätze, die sich besonders in der Fabelliteratur als Ausgangspunkte für Vergleiche mit dem Menschen reichlich fanden, sind in der Bibel auf Beiläufigkeiten beschränkt. Da wird zwar dem abtrünnigen Volk Israel das Haustier zum Muster vorgehalten (Jes. 1, 3). Aber das ist nur einer der häufigen und naheliegenden Vergleiche aus der täglich beobachteten Umwelt, ohne moralisierende oder allegorisierende Betrachtung.

Der Esel wird weder als besonders dumm noch als besonders klug dargestellt, weder als besonders auf Gott noch als besonders auf den Widergott bezogen. Auch er ist im Rahmen der ganzen Schöpfungswelt dem Gebrauch und der Fürsorge des Menschen anvertraut. Infolge seiner Verbreitung und Beliebtheit wird er immer wieder an hervorragender Stelle unter den Haustieren genannt, wenn es gilt, den Wohlstand an Zahl und Art des Tierbesitzes zu messen oder wenn menschliches Zusammenleben ethische Regelungen erfährt, die auch das Tier einschließen: »Wenn du das Rind oder den Esel deines Feindes verirrt antriffst, so sollst du ihm das Tier unbedingt zurückbringen, wenn du den Esel deines Gegners unter seiner Last daliegen siehst; so sollst du davon absehen, ihm das allein zu überlassen; aufhelfen sollst du ihm unbedingt zusammen mit jenem« (2. Mose 23, 4–5).
Allerdings geht es nicht nur um immanente Ethik. Texte wie etwa der 104. Psalm enthüllen rätselhaft irrationale Beziehungen derart, daß auch das Tier auf seine Weise von einem geheimnisvollen Zusammen-

hang mit seinem Schöpfer weiß. Und wenn dann über die jungen Raben, die zu Gott um Hilfe schreien (Hiob 38, 41), und die Junglöwen, die brüllend ihre Nahrung von ihm erheischen (Psalm 104, 21), hinaus eine Eselin sich als klarsichtiger gegenüber göttlichen Mächten erweist als ihr Besitzer, wenn die Epiphanie des Messias mit der beispielhaften Sanftmut und Demut des Esels in Beziehung gesetzt wird (Sach. 9,9), dann ergeben sich hier doch willkommene Ansatzpunkte für eine spätere symbolisierende und allegorisch ausdeutende Befragung der Bibel.

Es sind also nicht so sehr die biblischen Texte an sich als vielmehr die erstaunlichen Wege ihrer Auslegung in Predigt, Literatur und bildender Kunst des Mittelalters, von denen im folgenden einige Proben gegeben werden sollen. Das Charakteristische dieser mittelalterlichen Bibelauslegung ist eine – sowohl angesichts der biblischen Belege selbst wie angesichts seiner nicht sehr positiven Rolle in der antiken Fabelliteratur, in der Mythologie oder dann im »Physiologus« – überraschende Aufwertung des Esels. Allerdings hatten rabbinische Auslegungen hier vorgearbeitet. Sie sind der Überzeugung voll, daß das Tier Gott nahe ist, ja daß das unschuldige Tier, ähnlich wie im Falle der für die Vielen eintretenden Gerechtigkeit Weniger, dem Menschen auch vor Gott dienlich ist. Es heißt im Talmud: »Nicht um eures Verdienstes willen fällt der Regen, nicht um eures Verdienstes willen scheint die Sonne, sondern nur um des Verdienstes des Viehes willen, wie es heißt: Mensch und Tier hilfst du, Gott – dem Menschen um des Verdienstes der Tiere willen.«

Es sind nur wenige biblische Texte, deren Auslegung diese Wendung herbeiführt. Diese aber haben Schlüsselcharakter: Ein heimliches Band reicht vom höchsten Geschöpf, dem Engel, bis zum niedersten, dem Tier, ein Band besonderer geheimnisvoller Zuwendung: Gott liebt die Esel.

*Der Esel in der Arche Noah (Legenda Aurea)*

*Bileams Eselin*
*(4. Mose 22, 21–35)*

Der heidnische Wahrsager Bileam macht sich mit seiner Eselin auf, für Geld (darum wird er im Mittelalter einer der Repräsentanten der Käuflichkeit kirchlicher Ämter sein) auf Bestellung der Moabiter einen Fluch gegen das Volk Israel auszusprechen. Aber das ganze Unternehmen steht unter dem Zorn Gottes.
Der »Engel des Herrn« tritt ihm dreimal in den Weg, dreimal von der Eselin bemerkt, während Bileam noch nichts begreift. Das Tier bekommt die Gabe des Durchblicks, deren sich sein Herr offenbar begeben hatte, und erblickt die Himmelserscheinung. Es reagiert nach der jeweiligen Möglichkeit durch Ausweichen. Jedesmal rettet es seinen Besitzer vor dem Tode. Jedesmal schlägt er in sinnloser Wut auf es ein. Dann aber wird er erst recht von seiner Eselin dadurch beschämt, daß sie zu sprechen beginnt und ihm ihre bisherige Treue vorhält. Und nun erst werden auch seine Augen aufgetan. Er erkennt den Engel und wirft sich vor ihm nieder. Dieser hält ihm seine schuldhafte Unempfänglichkeit erneut vor und gibt ihm neue Weisung.
Offenbar will dieses – vielleicht ursprünglich selbständige – Erzählstück die Einsicht des Tieres und die Beschränktheit des Menschen Bileam einander gegenüberstellen. Die alte, weitverbreitete Vorstellung, daß die Tiere »übersinnliche« Wesen und Vorgänge spüren, von denen die Menschen nichts bemerken, gewinnt auch hier Gestalt. Sie mag auf der Beobachtung beruhen, daß Tiere für Witterungserscheinungen besonders empfindlich sind. Das Motiv des anhänglichen Tieres, das seinen Besitzer aus der Gefahr rettet, weil es der übersinnlichen Welt nähersteht als der Mensch, ist überdies aus vielen Märchen bekannt.

Hier ist, allen Analogien in der Märchenliteratur gegenüber, vor allem das religiöse Erkenntnisziel bemerkenswert, daß gerade das Selbstbewußtsein dessen, der mit heiligen Dingen gewohnheitsmäßig umgeht und wie selbstverständlich über seine magischen Kräfte verfügt, erschüttert und von dem Tier beschämt wird.
Es verdient hier angemerkt zu werden, daß talmudische Ausleger in einer Aufzählung der zehn besonders wunderbaren Dinge, die Gott am sechsten Welttage bei Sonnenuntergang geschaffen hatte, an dritter Stelle den redenden Mund der Eselin Bileams nannten. Die rabbinische Auslegung wußte übrigens auch, daß es sich bei dem Engel um Gabriel gehandelt habe. Beweis: Der Zahlwert der hebräischen Buchstaben des Textstückes »Der Engel Gottes auf dem Wege« ist der gleiche wie der der Worte »Gabriel der Engel«! Ebenso kühn ist die rabbinische Behauptung, das bekümmerte Wort der Eselin: »Was habe ich dir getan, daß du mich dreimal geschlagen hast?« weise auf die Absicht Bileams hin, gerade jenem Volk Schaden zuzufügen, das drei hohe Jahresfeste begehe: Passah, Erntefest und Laubhüttenfest. Beweis: Das hebräische Wort für »Male« ist dasselbe wie für »hohe Feste«.
Was hat die mittelalterliche Exegese aus diesem Text herausgelesen?
Gregor von Nyssa (De vita Moysis) hob den Humor hervor, den das Arrangement der Situation verriet: Bileam, der verschiedenen Orakel, der Weissagungen aus Eingeweiden und Vogelflug kundig, wurde von seiner Eselin bloßgestellt, getadelt und eines besseren belehrt, der unvernünftige Mensch von einem unver-

nünftigen Tier! Die Zurechtweisung durch das Wort des Tieres galt gerade dem, der soviel auf tierische Zeichen zu geben gewohnt war. Gregor der Große sah in seinem »Liber pastoralis curae« keine Schwierigkeiten bei der Heranziehung des Beispiels Bileams in der Krankenseelsorge: man soll sich dem in der Krankheit offenbar werdenden Anruf des Körpers nicht entziehen, sondern vielmehr die Verzögerung der Reise, die Nötigung, sich aufhalten zu lassen, trotz aller verständlichen Ungeduld bejahen. So wie die Eselin den Engel erblickte, den der menschliche Geist nicht erkannte, so weist der Körper durch seine Beschwerden auf Gott hin, den der Geist, der doch den Körper versteht, ohne das nicht erkennen würde. Der Mensch tut also gut daran, sich vom Körper auf das aufmerksam machen zu lassen, was seinen eiligen Weg in dieser Welt aufhält, und was dieser »Aufenthalt« bedeuten könnte. Die Kranken sind daher darauf hinzuweisen, welches Geschenk ihnen in dem körperlichen Leiden zugedacht ist, und zur Frage nach dem geistlichen Sinn der Krankheit anzuleiten.

Rupert von Deutz (um 1070–1135) kommt in seiner Auslegung des vierten Mosebuches und noch schärfer im Zusammenhang mit seiner Auslegung des zweiten Kapitels der Johannesapokalypse auf die Eselin Bileams zu sprechen. Bileam ist ihm der Typ des käuflichen, geizigen und einem Lasterleben ergebenen Priesters. Ihm gilt das Wunder, daß Gott einer stummen Kreatur den Mund öffnete, um die Torheit ihres weisen, wahrsagenden Herrn zu brandmarken. Was damals das Tier tat, tut heute die Menge des niederen Volkes, wenn sie die Leiter der Kirche der

Untreue überführt und schilt. Sie leistet gerade dadurch der Kirche den rettenden Dienst, den der Engel im Gespräch mit Bileam der Eselin bescheinigt.

*Hans Holbein d. J.: Bileams Eselin*

In der Predigtbeispiel-Literatur der späteren Zeit hat Bileams Eselin den Charakter eines Zeichens und einer positiven Herausforderung: »Als die Eselin Bileams das Schwert des Engels sah, wich sie nach rückwärts aus: Wird nun der Sünder angesichts des zweischneidigen Schwertes des Richters noch in seinen Freveltaten fortfahren?« Ausgeführt kann dieses Beispiel mit Nutzanwendung etwa lauten: »Gehe und laß dich von dem Esel des Balaams in die Schul führen. Es stehet vor ihm ein Engel mit dem bloßen Schwerdt und trohet ihm; der Esel steht derentwegen still, der Balaam aber schlägt auf den Esel zu und treibt ihn an, daß er fortschreite. Aber der Esel thut es nicht, er gehet keinen Schritt weiter. Er förchtet viel mehr das Schwerdt des Engels als die Streiche und die Trohung des Balaams. Sihe ein Esel, der die Höll nicht förchtet, der förchtet doch die Trohungen eines Engels; und du, o Mensch! förchtest die Trohungen Gottes nicht und die Gefahr deiner Seelen, sondern achtest vilmehr das, was die Leut sagen werden? Sie mögen sagen, was sie wollen; sie mögen dir trohen, sie mögen dich schlagen, was liegt daran? Vor allem sollest du auf deine Seeligkeit Acht haben.« Denn: »Es ist sich weniger zu verwundern, daß der Esel des Balaams geredt hat, als daß der Balaam solches nicht geachtet, und nicht erschrocken, sondern fortgefahren, denselben zu schlagen.« So schreibt Josephus de Barzia et Zambrona in seinem 1737 in Augsburg gedruckten »Christ-eyffrigen Seelen-Wecker«.

Im Gegensatz zu den Menschen, die Gottes Weg verlassen haben, gehen die Tiere diesen Weg. Gottes Wille kann unmittelbar zu dem ihren werden. Sie stehen Gott näher als der Mensch. Gott liebt die Eselin Bileams wie die Eselinnen des Mannes Kis aus Gibea-Benjamin, die sich soweit verlaufen haben, daß der Sohn des Besitzers, Saul, sie mit einem Knecht suchen muß. Das scheinbare Irregehen der Tiere führt Saul zu Samuel und einer der zukunftsträchtigsten Entscheidungen des Volkes (1. Sam. 9 u. 10). Die Eselinnen aus der Geschichte Bileams wie aus der Geschichte Sauls sind divinatorische Geschöpfe und als solche auf dem Weg Gottes, einem Weg in große Zukunft: Wie Gott menschliche Worte

in den Mund des stummen Tieres legt, so legt er in den Mund des Heiden Bileam die göttliche Verheißung, daß »ein Stern aufgehen werde aus Jakob, ein Szepter in Israel«. Bileam wie seine Eselin weisen über sich hinaus.
Das ist sowohl an der vom Volksmund gern mit dem Kreuzzeichen in Verbindung gebrachten Rückenzeichnung der Eselin Bileams festzustellen, die von der Volkserzählung Englands und Belgiens mit den Schlägen in Verbindung gebracht wird, die Bileam ihr anläßlich der Begegnung mit dem Engel gab, wie auch ganz besonders in Beziehung zur Menschwerdung Gottes.

Die frühen *literarischen* Bearbeitungen des Bileamstoffes begegnen bevorzugt in Weihnachtsspielen. Im Benediktbeurer Weihnachtsspiel aus den »Carmina Burana« ist der erste Teil der Prophetie und dem Streitgespräch über das Dogma von Christi Geburt gewidmet. Nach Jesaja, Daniel, der Sybille und Aaron soll an fünfter Stelle »Balaam, auf einer Eselin sitzend, auftreten und singen: Ich will hingehn, ich will hingehn, dieses Volk zu schmähn. Ihm läuft der Engel mit gezücktem Schwert entgegen und sagt: Hüte dich, hüte dich, etwas anderes zu reden, als ich dir sagen werde! Und der Esel, auf dem Balaam sitzt, soll erschreckt zurückweichen. Dann soll der Engel zurücktreten und Balaam folgendes Responsorium singen: Es wird ein Stern aus Jakob aufgehen und ein Mensch aus Israel aufkommen, und zerbrechen wird er alle Fürsten und alle Fürsten der Fremden, und alles Land wird sein Besitz sein.
 Und alle Könige werden ihn anbeten, alle Heiden

werden ihm dienen. Und alles Land wird sein Besitz sein.«

Der Dichter der deutschen Fassung der volkstümlichen Legende von der Seefahrt des heiligen Brandan knüpft gerade an das Wunder der redenden Eselin an, um demütig um das der Eselin zuteil gewordene Charisma der Rede zu bitten:

*»Christ, erleuchte meines Herzens Augen*
*und richte mein Gemüte!*
*Der heilige Geist durch seine Güte,*
*der einer Eselinne*
*gab so getane Sinne,*
*daß sie auf menschliche Weise sprach,*
*da sie den Engel vor sich sah*
*mit einem feurigen Schwerte,*
*als sie sich dorthin kehrte, –*
*das tat sie Herrn Balaam kund, –*
*der Gott erschließe auch meinen Mund,*
*der ihr verliehen solche Kraft,*
*daß sie ward dermaßen redehaft.«*

Die *bildende Kunst* des Mittelalters hat aus der Bileamerzählung ausschließlich die Begegnung mit dem Engel und das prophetische Wort vom »Stern aus Jakob« festgehalten.

Die bildliche Darstellung der Eselepisode überwiegt bei weitem. Sie ist vom 4. bis zum 16. Jahrhundert sehr häufig. Man findet sie beispielsweise auf einem Sarkophag des 4. Jahrhunderts, der 1939 in der Basilika S. Sebastiano an der Via Appia entdeckt wurde, in einer römischen Handschrift des 9. Jahrhunderts (Bibel von S. Paolo fuori le mura), auf der

Bronzetür von San Zeno in Verona und am Südportal der Kathedrale von Jaca (Pyrenäen) (11. Jahrhundert), besonders charakteristisch auf Kapitellen des 12. Jahrhunderts (St. Lazare in Autun, St. Andoche in Saulieu, St. Trophime in Arles, Pantéon Real in León; auch am Portal von S. Leonardo in Foggia). Am Nordportal der Kathedrale von Chartres und auf einem Chorfenster der Münsterkirche von Mönchen-Gladbach hat sie das 13. Jahrhundert festgehalten. Neben Miniaturen treten im 14. und 15. Jahrhundert Holzschnitte und Kupferstiche in den Vordergrund (vgl. die berühmten Holzschnitte der Kölner Bibel von 1479 und des niederländischen Blockbuches »Speculum humanae salvationis«), ferner die Bildteppiche (in La Chaise-Dieu und im Museum von St. Omer). Später hat sich Rembrandt des Motivs angenommen.
Diese Darstellungen sind in der Regel derart durch die Erzählung selbst bestimmt, die ja genügend reizvolle Bildmomente hat, daß allegorische und typologische Auslegungen, wie sie in Kommentaren und Predigten der Zeit begegnen, nicht direkt zur Wirkung kommen. Dagegen erlaubt die Zusammenstellung mit anderen Bildmotiven aus biblischem Erzählgut die Betonung von Vorausbeziehungen zum Neuen Testament.
Der Niederländer Gerrit Claesz Blecker, von dem ein Bileambild aus dem Jahre 1634 im Museum Boymans in Rotterdam aufbewahrt wird, hat die Szene mit dem Halt gebietenden Engel mit dem Bekehrungserlebnis des Paulus auf dem Weg nach Damaskus konfrontiert. Bemerkenswert ist auch die typologische Konstellation Bileam-Thomas auf dem Bildteppich von La Chaise-Dieu (1518). So wie der Engel sich

zuerst der Eselin offenbart, weil Bileam auf dem Wege ist, das Volk Gottes zu verfluchen, erscheint Christus zunächst den anderen Jüngern, um Thomas für seine Ungläubigkeit zu strafen. Diese Exegese ist sowohl im Falle Bileams wie im Falle des Thomas bedenklich. Wichtig ist jedoch beim Blick auf Paulus wie auf Thomas der Vorausbezug auf Erscheinungen Christi. Eine Abart dieser christologischen »Vorausschattung« ist die mariologische. Sowohl in der »Biblia pauperum« der Bibliothèque Nationale in Paris wie im »Speculum humanae salvationis« wird die Begegnung, bei der der Engel die Eselin anhält, mit der Schilderung der Geburt Marias, beziehungsweise der Schilderung der Verkündigung der Geburt Marias zusammengestellt.

Indem die Eselin, ihrerseits klarsichtig dem Ruf Gottes gehorsam, den in seiner Magierrolle durchaus schillernden Bileam zu der Stelle bringt, wo er den Segen über das Volk Gottes und die prophetische Ankündigung des Sterns aus Jakob auszusprechen hat, ist sie Trägerin eines besonderen Geheimnisses Gottes. Der kühne Bogen der Typologie erlaubt es sogar, sie bereits mit den Christus tragenden Eseln der neutestamentlichen Erzählungen zusammen zu sehen.

*Der Esel an der Krippe (Jes. 1, 3)*

Unzählige Bilder der Geburt Christi zeigen einen Ochsen und einen Esel in nächster Nähe der Krippe mit dem göttlichen Kind. Ungezählte Weihnachtslieder und -geschichten haben sich dieses Motivs bemächtigt. Die Geburtsgeschichten des Neuen Testamentes aber erwähnen Ochse und Esel mit keinem Wort. Daß beide Tiere zu selbstverständlichen Bestandteilen der

gedachten oder gemalten Weihnachtsbilder wurden, ist die Frucht allegorischer Bibelauslegung. Das Wort »Krippe« bildete dabei eine Assoziationsbrücke.
Jes. 1, 3 heißt es: »Ein Ochse kennt seinen Herrn und ein Esel die Krippe seines Herrn; aber Israel kennt's nicht, und mein Volk vernimmt's nicht.« Himmel und Erde werden hier zu Zeugen wider den schnöden Undank des Volkes angerufen, das sich gegen Gottes Ruf verhärtet, während das Haustier weiß, wohin es gehört, und mit dieser Anhänglichkeit an seinen Herrn das erwählte Volk beschämt. Es handelt sich um eines der häufigen prophetischen Scheltworte gegen den Ungehorsam des Volkes Israel.
Luther hat den Text in seiner Jesaja-Auslegung von 1534 anschaulich paraphrasiert und auf die ironische Unverhältnismäßigkeit hingewiesen, daß die Weisheit vorbildlich bei den als dumm verschrieenen Tieren zu finden sei, denen wir vielmehr als uns von Gott vorgestellten Lehrmeistern Respekt erweisen sollten: »Ist das nicht die äußerste Schande, daß, nach göttlichem Ausspruche, ein Ochse und Esel, ich will nicht sagen mit uns verglichen, sondern uns sogar vorgezogen werden, weil jene ihre Schuldigkeit gegen ihren Herrn tun? Sollten wir nicht unsere Pflicht gegen Gott beobachten? Derowegen sollten wir unsere Häupter vor denen Ochsen und Eseln, gleich als vor unseren Lehrmeistern, entblößen, indem wir sehen, daß sie uns von Gott vorgestellet werden, damit wir an ihren Exempeln lernen mögen, wie wir vor unserem Gott Ehrfurcht haben sollen. Dieses ist nämlich die Weisheit und Frömmigkeit derer Menschen, die von ihrem Gott abgewichen sind, daß sie dümmer sind

als ein Ochse und Esel, ob sie sich gleich in ihren Augen weiser, als alle Menschen, zu sein dünken lassen. Denn was kann für eine Weisheit übrig bleiben, wenn man Gott nicht kennt? Wie ich aber oben gesagt, dies glaubet und höret niemand, außer der aus Gott ist; denn dieser erkennet seine Torheit und Sünde, und bittet um Vergebung derselben.« Im lateinischen Text macht Luther zusätzlich eine Bemerkung über den verzeihlichen Irrtum derer, die diese Stelle auf die Geburt Christi bezogen haben.

Die rabbinische Auslegung sieht dieses Prophetenwort ohne besondere Symboltiefe im Zusammenhang der zahlreichen Vergleiche Israels mit einer störrischen Kuh (Hos. 4, 16), einem ungelehrigen Kalb (Jer. 31, 17), einer Kamelstute, die in der Brunst verschlungene Wege geht (Jer. 2, 24). Auch die Zugvögel, die ihre Zeiten einzuhalten wissen, sollten Vorbild für das Volk sein, das unverständiger und unzuverlässiger ist als sie (Jer. 8, 7). Dieses Verständnis des Textes liegt auch der rabbinischen Vorschrift zugrunde, die Deut. 25, 2 f. genannte Strafe der Geißelung sei mit einem Riemen zu vollziehen, der aus der Haut eines Esels geschnitten sei: Es komme der, der die Krippe seines Herrn kennt, und strafe den, der sie nicht kennt.

Im Pseudo-Matthäusevangelium, einem um das 8./9. Jahrhundert entstandenen Sammelwerk, das die zahlreich wuchernden Kindheitslegenden sichten und allzu grobe und geschmacklose Geschichten verfeinern sollte, werden dann zum ersten Mal Ochs und Esel an die Krippe Jesu plaziert:
»Am dritten Tage nach der Geburt unseres Herrn

*Der Esel an der Krippe. Deutscher Meister um 1400*

Jesus Christus trat die seligste Maria aus der Höhle, ging in einen Stall hinein und legte ihren Knaben in eine Krippe, und Ochs und Esel beteten ihn an. Da erfüllte sich, was durch den Propheten Jesaja verkündet ist, der sagt: ›Der Ochse kennt seinen Besitzer und der Esel die Krippe seines Herrn.‹ So beteten sogar die Tiere, Ochs und Esel, ihn ständig an, während sie ihn zwischen sich hatten. Da erfüllte sich, was durch den Propheten Habakuk verkündet ist, der sagt: ›Zwischen zwei Tieren wirst du erkannt.‹«
Dieses Habakukzitat, das in die Weihnachtsoffizien eingedrungen ist und sich von da aus auch im Hymnen-

werk Romanos' des Meloden (6. Jahrhundert) findet, ja sogar in der Karfreitagsmesse als Anspielung auf die Kreuzigung Christi zwischen den Schächern eine Rolle spielt, geht auf ein Mißverständnis des Textes Hab. 3, 2 »Inmitten der Jahre verwirkliche dein Werk«, durch die alte griechische und die auf ihr fußende altlateinische Übersetzung zurück, ein Mißverständnis, das, einmal fixiert und in verschiedenen Medien Bild geworden, nicht mehr annulliert werden konnte. Besonders die große Verbreitung des Pseudo-Matthäusevangeliums führte zur starken Verankerung der Kindheitslegenden im Volk und zur Fülle der Verarbeitungen gerade dieses Themas in Literatur und Kunst.
Was die eigentlich *theologisch-allegorische Auslegung* betrifft, so hatte Papst Gregor der Große, damit typischer Vertreter einer langen Reihe von Exegeten, kurzerhand den Ochsen für das Bild des Volkes Israel, den Esel für das Bild der heidnischen Völker erklärt. Denn das jüdische Volk war vom Joch des Gesetzes wundgerieben und die Heidenschaft wie ein Esel, ein unvernünftiges Tier, jedem Verführer preisgegeben. Dennoch »kennt der Ochse seinen Herrn und der Esel die Krippe seines Herrn«, denn das Volk Israel fand Gott, den es anbetete, aber nicht recht kannte, wieder, und die Heidenschaft nahm die Nahrung des Gesetzes an, die sie zuvor nicht gehabt hatte. Im gleichen Sinne äußern sich auch Isidor von Sevilla in seiner Deuteronomiumauslegung und Hrabanus Maurus in seinem allegorischen Lexikon zur Heiligen Schrift. Schon der Kirchenvater Hieronymus hatte unter dem Esel das von Sündenlast besonders bedrückte Volk der Heiden verstanden.

Rupert von Deutz formulierte ähnlich: »Der Ochse ist ein reines Tier, der Esel aber ein unreines, und beide sind unvernünftige Wesen. Der Ochse bedeutet daher den einfachen Juden, wie Petrus oder Andreas, deren jeder ein Fischer war, kein Schriftgelehrter, kein Gesetzeskundiger. Der Esel dagegen bedeutet den einfachen Heiden, wie Cornelius. Ihr sagt (spricht Gott), daß ich zu verborgen gekommen bin? Woher erkannte denn der Ochse mich, seinen Herrn, und der Esel meine Krippe? Woher, sage ich, wenn nicht deswegen, weil er sich an der Nahrung des guten Wortes erfreute, die ich ihm vorsetzte und weil jeder von ihnen die Wohltaten, die ich ihnen erwies, deutlich wahrnahm?« Bei den genannten Auslegern fehlt interessanterweise der Bezug auf die Geburt Jesu.

Im 13. Jahrhundert aber waren im Echo auf Pseudo-Matthäus Ochs und Esel fest an die Krippe zu Bethlehem gebunden. Eins der verbreitetsten Zeugnisse ist die Legenda aurea des Jacobus de Voragine: »Da Maria und Josef nun zu Bethlehem waren, mochten sie keine Herberge finden; denn sie waren irdischen Gutes arm, und waren auch alle Herbergen anderer Menschen voll, die um derselben Sache willen gekommen waren. Darum kehrten sie in einen offenen Durchgang zwischen zwei Häusern, der war mit einem Dache gemacht, wie wir in der Historia Scholastica lesen; das heißt man Einkehr, und pflegten die Bürger darunter zu schwatzen und miteinander zu essen an den Feiertagen oder wenn böses Wetter war. Dort machte wohl Josef für Ochs und Esel eine Krippe; andere sagen, die Krippe sei schon da gewesen, denn die Bauern hätten dort ihr Vieh festgebunden, wenn sie zu Markte kamen. In der Armut gebar Maria ihr Kind um die Mitternacht zum Sonntag und legte das liebe Kindlein in die Krippe auf ein wenig Heu; dasselbe Heu führte danach St. Helena gen Rom, wie wir in der Historia Scholastica lesen; Ochs und Esel aber, sagt man, wagten nicht davon zu essen.«

Der Verfasser sieht in diesen kleinen Dingen aber Indizien umfassender Zusammenhänge: »Die Geburt unseres Herrn ward zum andern auch mannigfaltig kundgetan: Es gaben von ihr Zeugnis alle Stufen der Kreatur. Nun sind Kreaturen, die haben nur das körperliche Sein, als die Steine. Andere haben Sein und Leben; als die Pflanzen. Andere haben Sein und Leben und Fühlen; als die Tiere. Andere haben Sein, Leben, Fühlen und Verstehen; als der Mensch. Andere haben Sein, Leben, Fühlen, Verstehen und Erkennen; als die Engel. Alle diese Geschöpfe haben die Geburt Christi verkündet.«

Warum sollte nicht gerade auch das Opfertier (das Rind) und der demütige Lastträger (der Esel) ihren gebührenden Platz bei dem haben, der in die Welt gekommen war, sich selbst zum Opfer zu geben und die Last der ganzen Menschheit am Kreuz zu tragen (Walter Pangritz)?

Auf welche Weise hat sich die *Dichtung* dieses Tiermotivs angenommen?

In der Regel dient es zur Unterstreichung der paradoxen Aussage: Gott – ein Mensch, der König – im Stall. Als ein Beispiel für viele eine Strophe aus dem lateinischen Hymnus »In natali Domini« in einer deutschen Nachdichtung von 1560:

*»Sie fanden das Kindlein zart*
*liegen in der Krippen hart*
*bei dem Vieh im finstern Stall,*
*welchs die Stern erschaffet all.«*

Im gleichen Sinne formuliert Luther in »Vom Himmel hoch«:

*»Ach Herr, du Schöpfer aller Ding,*
*wie bist du worden so gering,*
*daß du da liegst auf dürrem Gras,*
*davon ein Rind und Esel aß.«*

Im 15. und 16. Jahrhundert entstehen auch die anschaulichen Lieder des besonders in Frankreich verbreiteten Typs:

*»Zwischen Esel und Öchslein klein*
*wollte Jesus unser Herr*
*in einem armen Gasthäuslein*
*– o Noël! o Noël! –*
*in dieser armen Welt geboren werden*
*– o Noël! o Noël! –*
*Neue Mär!«*

Ähnlich verkündet auch noch in der »Action von Anfang und Ende der Welt« von Bartholomäus Krüger von Spernbergk, Stadtschreiber und Organisten zu Trebyen, 1580, der Erzengel Gabriel, nachdem die Engel auf dem Felde bei Bethlehem »etliche Raketlein« geworfen haben, den erstaunten Hirten Günter und Alex:

*»Ein jeder hier das Zeichen nem,*
*daß ihr werdet finden dieses Kind*
*bei einem Esel und einem Rind*
*wol in der harten Krippen liegen,*
*die ist des Kindes köstlich Wiegen.*
*Der alte Stall ist sein schön Schloß,*
*sein Reichtum ist nur Armut groß,*
*sein Bette ist das dürre Heu ...«*

Dieses Unverhältnismäßige der Christgeburt kann auch darin betont werden, daß der Herr der Welt in der grimmigen Dezemberkälte vom Atem eines Ochsen und eines Esels erwärmt wird:

*»Zu Bethlehem das geschah;*
*vor Frost litt Gott viel Ungemach.*
*Ein Öchslein tat ihm Wärme kund*
*und ein Esel, das ist wahr.*
*Da küßt Maria Gott auf seinen Mund.«*

In seinem Weihnachtslied »Der Wind auf leeren Straßen streckt seine Flügel aus« versetzt sich Friedrich Spee (1591–1635) lebhaft in die Atmosphäre des Stalls zu Bethlehem und ist sogar darum besorgt, daß der wärmende Atem der Tiere eines gewissen Wohlgeruchs nicht entbehre; um so kräftiger kann dann das Hauchen erfolgen. Der Dichter redet Josef an:

*»Das Futter misch mit Rosen*
*Dem Ochs und Eselein.*
*Gib deinen frommen Tieren*
*Ein lieblich Mischgemüs',*
*Das ohne Zeitverlieren*
*Macht ihren Atem süß.*

*Nun blaset zu, ihr beiden,*
*Mit süßem Rosenwind,*
*Ochs, Esel, seid bescheiden*
*Und wärmt das nackte Kind.*
*Nun blaset zu und hauchet:*
*Aha, aha, aha,*
*Den Atem weidlich brauchet:*
*Aha, aha, aha.«*

Entsprachen die bisherigen Aussagen einfach einer Faktenschilderung und normalem animalischem Verhalten, so betonen andere Versionen die bewußte Huldigung der Krippentiere als Manifestation besonderer Instinktsicherheit. Wie die Eselin Bileams den Boten Gottes erkannte, so waren hier

*»ein Esel und ein Rind,*
*die erkannten das himmlische Kind«.*

Das Geißlerlied »Maria unser vrouwe« (alemannisch, 14. Jahrhundert), dem diese Strophe entnommen ist, spielt offenbar auf die Erkenntnis an, aufgrund deren Ochse und Esel Jes. 1, 3 den Menschen als Vorbild gegenübergestellt worden waren: Ochse und Esel wissen, zu wem sie gehören.
Ein altes Tiroler Weihnachtslied kommentiert treuherzig:

*»Die zwei Tierlein knieen nieder*
*bei dem Kindlein wie die Leut.*
*Sie erwärmten seine Glieder:*
*Hätt's nit glabt, daß Viech so gscheit.«*

Das Manuskript einer französischen »Cantinella in Nativitate Domini« aus dem 14. Jahrhundert betont die Huldigung der Tiere:

*»Als Ochse und Esel es betrachten,*
*knieen sie vor ihm nieder und beten es an.*
*Sie verzichteten auf Stroh und Heu,*
*damit die Mutter es betten konnte.«*

Später kann dann die Szene künstlich dramatisiert werden. Das Noël »Or chantons gayement Noël« aus dem 16. Jahrhundert schildert breit den völligen Mangel an Lebensmitteln im Stall. Auch Ochs und Esel haben nichts außer ihrem Zaumzeug. Da erscheinen dann die Hirten mit ihren Gaben wie gerufen.

Das Freude- und Lob-Motiv der Legenda aurea geht ebenfalls durch die Dichtung. Die Äbtissin Herrad von Landsberg († 1195) hat in den von ihr kompilierten »Hortus deliciarum« das klangvolle Weihnachtslied »Ecce, venit de Sion« aufgenommen, in dessen Schlußstrophe es heißt, daß Esel und Ochs sich freuen und alle Kreatur Gott lobt, weil das Chaos vernichtet ist, das Engel und Menschen trennte, weil Gott nun einer unseresgleichen ist.
Daß Ochs und Esel an der Krippe in ihrer Freude und Ehrerbietung auch den Menschen gegenüber in die Rolle von Verkündigern treten, hat Johann Röling (1634 – 1679) in überschwenglichen Barockstrophen besungen:

*»Dein Stall macht mir im Himmel Platz,*
*Das Vieh wird mir zum Engel.«*

»Ich glaube« – so folgert schließlich Abraham a Sancta Clara in seiner »Wunderkur« aus all diesen Vorgegebenheiten – »selbst der Esel hat kein solcher Eselskopf sein wollen, daß er der Guttaten hätte vergessen; denn in dem Stall zu Bethlehem hat sich dieser Langohr über alle Maßen höflich gestellt und weit mehr als etliche Komplimenten abgelegt, indem er zu frostiger Winterszeit das göttliche Kind mit seinem Anhauchen samt dem Ochsen erwärmet. Der Ochs wollte dankbar sein, weil ihn Gott im Alten Testament allzeit zum Opfer erkiesen; der Esel wollt dankbar sein, um weilen Gott sich seines Geschlechts angenommen und eine seine weitschichtige Befreundin defendiert hat, wie der zornige Prophet Balaam sie wider alle Manier so hart mit Streichen traktieret. Auf solche Weis wirst du, Mensch, dich nicht überwinden lassen von Ochsen- und Eselsköpfen in der Dankbarkeit.«

Es ist verständlich, daß aus den genannten biblisch-theologischen Gründen die *bildlichen Darstellungen* schon früh – hier seien nur ein Fresko in der Sebastianskatakombe und ein Sarkophagdeckel im Lateranmuseum in Rom, beide aus dem 4. Jahrhundert, genannt – das Christuskind allein mit Ochs und Esel abbilden konnten, während spätere Bilder, gelegentlich auch ohne Maria und Josef, die Tiere an der Krippe knieend oder so nahe an ihr plazieren, daß man, wie etwa im Tympanon des Nordportals von Notre-Dame de Paris (13. Jahrhundert), förmlich sehen kann, wie sie sich bemühen, mit ihrem Atem das Neugeborene zu wärmen. Es ist kein Zufall, daß alle diese Bilder der Spätantike und dem Mittelalter angehören und nachher nicht mehr auftauchen. Das

 Konzil von Trient schränkte die spätmittelalterlichen

*Distelfressender Esel (Mercure Jollat, Paris 1542)*

behaglichen Ausschmückungen der Krippenszene energisch ein und verurteilte – neben der in der byzantinischen Kunst so populären Darstellung der Hebamme und des Bades des Jesuskindes – besonders die phantasievollen Gruppierungen von Ochs und Esel als apokryph und überdies des erhabenen Themas nicht würdig.

Mittlerweile aber hatte das Volk sich dieses Themas bereits längst in neuer Weise bemächtigt. Beschreibern der alten Krippenbilder von Ochse und Esel drängt sich nicht selten das Stichwort »franziskanisch« auf. Das ist, ob es der Beschreiber weiß oder nicht, mehr als eine Frage der Stimmung; es ist eine Frage des historischen Bezugs. Franz von Assisi wird nicht nur als Prediger der Armut und Künder einer neuen gläubigen Naturverbundenheit, sondern auch als der verehrt, der 1223 durch die Feier der Weihnachtsmette im Walde von Greccio über einer Krippe als Altar der Krippenverehrung besonderen Auftrieb gab. Damit hat eine Tradition bildender Kleinkunst und Volkskunst begonnen, die – wie jeder Blick in die Krippenmuseen oder auch in die bis heute gebräuchlichen figurenreichen Weihnachtskrippen katholischer Kirchen beweist – das alte Legendenmaterial bereitwillig aufgenommen und oft mit Liebe und Phantasie, Geschmack und Ungeschmack vermehrt und verprächtigt, nicht selten auch verniedlicht hat.

Auch die dichterisch geformten Legenden wuchsen weiter und in ihnen das Lob der Krippentiere. Bei der Zusammenstellung einiger – auf das 20. Jahrhundert beschränkter – Proben fällt es auf, daß der Freund und Bruder der Esel, Francis Jammes, die Szene von Bethlehem nicht ausgemalt hat. Er hat in seiner »Erschaffung der Tiere« über Ochse und Esel nur einen klassischen Satz geschrieben: »Sie stehen an unseres Herrn Jesu Krippe, und der Dampf ihres Atems vermischt sich mit dem Rauch der Myrrhen aus dem Weihbecken der Heiligen Drei Könige.«

Wenn man wie Francis Jammes weiß, daß gerade die Gabe der Myrrhen im allegorischen Verständnis der alten Evangelienausleger einen Hinweis auf Leiden und Tod Christi darstellte, dann enthält dieser eine Satz, an den sich das Gebet von den leidenden, geschmähten Eseln anschließt, nicht nur die harte Perspektive von Karfreitag, die an Weihnachten eben nicht vergessen werden darf, sondern auch den Hinweis

auf das der gesamten Kreatur geltende »Für euch« der Inkarnation und Passion.
Jules Supervielle hat dann die breite und schöne Legende »Ochs und Esel bei der Krippe« geschrieben, in der er die verschiedenen alten Legendenmotive neu verschlingt. Der Ochse steht im Mittelpunkt: bäurisch-treuherzig, schwerfällig und bescheiden, während der Esel alles wesentlich leichter faßt, doch auch ein bißchen oberflächlicher erscheint. Beide Krippentiere werden von den übrigen Tieren als Mittler für einen Besuch beim Christuskind in Anspruch genommen. Als der Aufbruch zur Flucht nach Ägypten beginnt, ist der Ochse infolge seines asketischen Wachens und Sorgens für das Kind so geschwächt, daß er zurückbleiben muß und stirbt, während der Esel der Krippe nach und nach zum Esel der Flucht nach Ägypten wird. Doch die Seele des Ochsen kann den Flüchtlingen nachfliegen und ihnen in Gestalt einer Kuh unterwegs noch nützlich sein.
André Trocmé hat in seinen Weihnachtslegenden »Des anges et des ânes« den Typus der störrischen und klugen Eselin geschaffen, die sowohl in Bethlehem wie auf der Flucht wie auch schließlich bei dem Einzug in Jerusalem überraschend einsichtig ist und gute Dienste leistet. Die »Legende vom Christ-Esel« von Paul Alverdes erweitert den bethlehemitischen Ansatz zu einer Geschichte vom »Ewigen Esel«, der, die Jahrhunderte durchwandernd, Zeuge der Krippenverehrung und auch seiner eigenen Rolle auf den Bildern der Maler wird, bis er schließlich als Palmesel in Holz an jedem Palmsonntag Dienst tut und sich beim Ausbruch eines Feuers in der Stadt hilfreich erweisen kann.

In eine einzige Zeile seines Weihnachtsgedichts »Es kam die Zeit, daß sich enthülle« hat schließlich Rudolf Hagelstange (geb. 1912) das Ave Maria der Krippentiere gefaßt:

*»Sie fanden einen Stall, der nahm sie gern,*
*und Ochs und Esel grüßten rasselnd mit der Kette,*
*und ihre Lampe war ein stiller Stern.«*

In den Christgeburtspielen treten, wie bereits bemerkt, die Krippentiere längst nicht so häufig wie in den bildlichen Darstellungen in Erscheinung. Ihre Rolle geht nicht über das Dabeistehen hinaus. Doch ist der Esel mit einer schon von Papst Innozenz III. im Jahre 1210 ausdrücklich verbotenen »skandalösen Darstellung« verknüpft, die sich solange hielt, daß auch noch das Baseler Konzil dagegen einschreiten mußte. Es handelt sich um das besonders in England und Frankreich verbreitete *Eselsfest*. Der Ursprung ist umstritten. Er wird teils in Byzanz, teils in Verona vermutet, wo, wie es hieß, die Reliquien des Esels aufbewahrt seien, der Christus bei seinem Einzug in Jerusalem getragen hatte. Wie aus der frühen, in Beauvais gefeierten Form hervorgeht, liegt eine typisch allegorische Repräsentation der Weihnachtsgeschichte zugrunde: Ein schönes junges Mädchen aus guter Familie wurde dort, mit einem Kind im Arm, die Jungfrau Maria darstellend, auf kostbar geschmücktem Esel in feierlicher Prozession des Bischofs mit dem gesamten Klerus von Kirche zu Kirche geführt, schließlich bis an die Stufen des Altars in der Kathedrale, wo sie auf der Evangelienseite Platz nahm. Da vollzog sich dann die Messe wie gewöhnlich, nur daß

Introitus, Kyrie, Gloria und Credo mit einem Eselsgeschrei endeten und das »ite missa est« am Ende durch ein dreifaches »Hihan! Hihan! Hihan!« ersetzt wurde.
Das war die Zeit, in der man sich in der Kirche nicht langweilte, bemerkt hierzu ein französischer Dominikaner des 20. Jahrhunderts. Phantasie, Temperament und Übermut haben dann diese Aufführung da und dort auswuchern lassen. Aus dem Fest scheint sich ein turbulenter weihnachtlicher Mummenschanz entwickelt zu haben, indem, wie in der 21. Sitzung des Baseler Konzils scharf verurteilend festgestellt wird, »die Einen in bischöfliche und priesterliche Gewänder gekleidet, den Segen erteilen, andere sich als Könige und Fürsten verkleiden, andere verlarvt Schauspiele aufführen, andere Tänze und Gelage abhalten und zwar alles in der Kirche«.
Aus vorchristlichem Erbe stammen die magischen Volksbräuche der »heiligen Nächte«, in die auch die Haustiere einbezogen sind. Aber auch diese Bräuche sind getauft. Man füttert die Tiere besonders gut und sagt ihnen die Geburt Christi an, überzeugt, daß sie auch ihnen gilt.
Das ist die gleiche Einstellung, aus der heraus in Dostojewskis Romanen die Menschen den Tieren den Gruß »Christus mit euch!« zurufen. Hier wird nicht nur eine tief biblisch fundierte Auffassung von der Aufgabe des Menschen in der Schöpfung und seinen Funktionen gegenüber den anderen Kreaturen deutlich, sondern auch ein theologischer Aspekt der Erlösung vertreten, der in den privatisierten und subjektiven Heilsvorstellungen der letzten Jahrhunderte zweifellos zu Unrecht verkümmert ist. Erlösung

geschieht nicht aus der Welt heraus, sondern in ihr, mit ihr und für sie (H. J. Schultz). Wenn, dem Römerbrief (8, 19 ff.) zufolge, die Kreatur mit uns auf das rettende Neue wartet, hat sie einen Anspruch auf Information darüber. Das kommt nicht nur in den genannten Bräuchen, sondern auch in Bildern zum Ausdruck, etwa auf einem Kapitell in Moissac: Da nehmen Esel, Ochse, Schaf und Hund, übereinandergestellt wie die Bremer Stadtmusikanten und unmißverständlich durch Inschriften bezeichnet, an der Verkündigung der Engel an die Hirten auf dem Felde teil.

*Der Esel der Flucht nach Ägypten*

Die Legende und mit ihr die bildende Kunst machten sich, wie oben dargelegt wurde, eine Freude daraus, das weihnachtliche Eselthema weiter auszumalen. Da die Evangelientexte die Tiere an der Krippe überhaupt nicht erwähnen, war der Phantasie keine Grenze gesetzt. Warum sollte man nicht annehmen, daß Ochs und Esel, der einzige Reichtum des armen Haushalts in Nazareth, bereits mit Maria und Josef die Reise nach Bethlehem angetreten hatten? Zu Fuß wäre der Weg für Maria ohnehin zu beschwerlich gewesen. Also ließ man zumeist Maria auf dem Esel reiten, den Josef führte, während sich nicht selten ein Engel des hinten nachwandernden Ochsen annahm. So ist es beispielsweise auf einem Elfenbein-Basrelief des 6. Jahrhunderts der Kathedra des Bischofs Maximian im erzbischöflichen Palais in Ravenna zu sehen, auf einem Mosaik des 12. Jahrhunderts in San Marco, Venedig, und in der außergewöhnlich schönen Mosaikenreihe der Kahrie Çami (Chorakirche) in Istanbul

(14. Jahrhundert). Häufig ist der Esel weiß wie der des Einzugs in Jerusalem, mit dem ihn die späte Legende gern verknüpft.

Doch hat diese Hinreise nach Bethlehem die Einbildungskraft der Erzähler und Bildner keineswegs in dem gleichen Maße wie die Flucht nach Ägypten beschäftigt. Vor dieser treten die Ausmalungen des Weges nach Bethlehem allmählich zurück.

Es gibt, auch für die Beteiligung des Esels an der Matth. 1, 13 – 15 knapp geschilderten Flucht nach Ägypten, keinen biblischen Beleg. Man kann höchstens als selbstverständlich voraussetzen, daß, wenn die Flüchtenden ein Lasttier mit sich nahmen, dieses ein Esel war. Selbst das Pseudo-Matthäusevangelium spricht nur von einem Lasttier, ohne dessen Art zu nennen.
Aber Legende und Bildkunst gaben sich damit nicht zufrieden. Ein Fresko, vermutlich des 6. Jahrhunderts in der unterirdischen koptischen Kirche von Deir Abu Hennys (in der Umgebung von Antinoë), scheint die erste Darstellung zu sein, die von der Flucht mit dem Esel erhalten ist. Zwischen ihr und dem Holzschnitt aus Albrecht Dürers »Marienleben«, auf dem Ochse und Esel die Heilige Familie nach Ägypten begleiten, ist dann aber eine Fülle von Darstellungen zu konstatieren. Die Varianten sind häufig, aber nicht sehr weitgehend. Gewöhnlich führt Josef den Esel am Zügel; manchmal tut das aber auch ein junger Begleiter, der nach den apokryphen Evangelien als der spätere Apostel Jakobus der Jüngere identifiziert werden kann. Maria, der der Esel immer als Reittier dient,

▲ *Bileams Eselin vor dem Engel des Herrn. Kapitell in der Kirche von Saulieu*
▶ *Stall zu Bethlehem. Meister Paul um 1520*

kann sowohl als besorgte junge Mutter auf der Flucht, manchmal aber auch als thronende Himmelskönigin erscheinen, der die begleitenden Engel mit Erfrischungen dienen. Das Kind sitzt entweder klein und beschützt auf dem Schoß der Mutter oder blickt, die Mutter als Thronsitz benutzend, den Beschauer erwachsen und ernsthaft an, wobei es die typische aus der Anbetung der Könige vertraute Segensgebärde macht. Ein früher florentinischer Meister des 13. Jahrhunderts läßt es auf den Schultern Josefs reiten, während Maria allein auf dem Esel sitzt. 1638 hat der Spanier Zurbaran das Kind sogar allein und rittlings auf dem Esel placiert, auf dem es etwas ungeduldig darauf wartet, daß Maria mit dem Abschiednehmen fertig wird.

Auf allen Bildern des Mittelalters aber ist der Esel dabei. Er, der die Ehre hat, die Mutter Gottes und den Erlöser zu tragen, wird meist mit weißem Fell dargestellt – wie die Reitpferde der persischen Großkönige und der byzantinischen Kaiser und wie der Esel des Einzugs in Jerusalem. Aber auch diese bescheidene Trägerrolle wird ihm in einer Zeit nicht mehr belassen, die die apokryphen und legendären Auswucherungen der Evangelienberichte rigoros entfernte und einen einfachen Esel der Aufgabe des Messiasträgers nicht mehr würdig fand. So war er eines der ersten unschuldigen Opfer der puristischen Maßnahmen des Konzils von Trient. Die Heilige Familie geht von nun an offiziell zu Fuß. Aber die Tradition bleibt offenbar stark genug. Ganz verschwindet der Esel nicht.

 Die apokryphen Evangelien allerdings, die wunderbare Einzelheiten der Flucht ausführlich zu berichten wissen, beschäftigen sich, wie bereits bemerkt, nicht mehr ausführlich mit ihm, sondern vielmehr mit der Sorge um Essen und Trinken, mit der Gefährdung durch die Soldaten des Herodes und Wegelagerer, mit der Huldigung der wilden Tiere und der Bäume am Weg. Die Mysterienspiele enden meist mit dem Kindermord in Bethlehem und dem Aufbruch der Heiligen Familie zur Flucht.

Das Benediktbeurer Weihnachtsspiel (11. Jahrhundert) aus der Münchner Carmina Burana-Handschrift, das ursprünglich vielleicht mehr bot, bricht infolge fragmentarischer Überlieferung leider ebenfalls an dieser Stelle ab, beim zwölften Auftritt in Marias Wohnung:

»Unter der Regierung des Archelaos soll in der Nacht ein Engel dem Josef erscheinen und sagen: ›Nimm die Mutter und das Kind und fliehe in Ägyptenland und bleibe allda, bis ich dir sage! Denn es wird geschehen, daß Herodes das Kindlein suche, es umzubringen.‹ Maria soll vor dem Esel vorausgehen und sagen: ›Daß alle Mühen ich leid, daß mein Sohn die Gefahren vermeid, bin ich als Mutter bereit; schon geh ich, sei du mein Geleit!‹«

Eine wallonische Legende »Vom Esel, der Maria und das Kind trug« stellt dagegen den Esel in den Mittelpunkt, indem sie altes Fabelgut vom Wettstreit zwischen Esel und Pferd und von der sanften Geduld des Esels verarbeitet. Angesichts der Mühsal des weiten und gefährlichen Weges suchten »die Heiligen Drei« Hilfe in Gestalt eines geschwinden Tragtieres und wandten sich zuerst an das Pferd. Dieses aber tat,

*Albrecht Dürer: Die Flucht nach Ägypten*

als höre es die Bitte nicht, hieb mit dem Schweif um sich, als wolle es eine lästige Sache abwehren, und steckte sein Maul tief und gierig in den Futtertrog. Zur Strafe ist es nun seitdem von unstillbarem Heißhunger geplagt, muß den Menschen tragen, der sein Herr ist, und schwere Wagen ziehen. Betrübt wandten sich Maria und Josef danach an den Esel. Der sagte bereitwillig j-iah und ließ seine schmale Kost im Stich, obwohl er gar nicht gut genährt war. Und auf seinem geduldigen Rücken ging die Flucht weiter. Der Rücken aber wurde im Lauf der langen Reise vom schlechten Sattel wundgerieben. Niemand wußte zu raten und zu helfen. Doch der Esel trug seine Last und Schmerzen in Geduld und klagte nicht, wenn das Futter schlecht war oder fehlte. Nur manchmal stöhnte er ein wenig vor sich hin. Unterwegs nun trafen die Flüchtlinge in einer Oase ein Maultier mit seinem Füllen. Es hatte reichlich Futter, einen ganzen Sack voll, der ihm vom Halfter hing. »Gib unserem armen Esel ein wenig von deinem Überfluß!« baten sie das Maultier. »Ich habe selber nicht genug!« brummelte es. »Dann komm um Gottes Lohn mit uns und trage die Mutter und das Kind nur eine kleine Weile, bis sich der wunde Eselsrücken geschlossen hat!« – »Um Gottes Lohn könnt ihr eure Last auch selber tragen. Esel ist Esel!« Das war die Antwort des Maultiers. Gott aber nahm daraufhin strafend seinen Segen vom Maultier, so daß ihm sein Füllen einging. Es war das letzte seiner Art. Das Geschlecht der Maultiere ist bis zum heutigen Tag unfruchtbar geblieben. Die harte Reise der Heiligen Drei ging weiter. Da geschah es, daß Maria dem Kinde die Brust gab und ein Tropfen der mütterlichen Milch niedersickerte und auf die Wunde des duldenden Reittieres fiel. Sogleich schloß sich die blutoffene Stelle und war geheilt und gesund. Da dankte Josef Gott im Himmel und betete und schlug das Zeichen des Kreuzes. Und siehe, das Kreuzzeichen fiel nieder auf den Rücken des Esels und blieb haften in seinem Fell als große dunkle Marke und erbte sich fort von Tier zu Tier. Allezeit ist der Esel geduldig und bescheiden geblieben. Auf der Wüstenreise hatte er Disteln und dürre Kost zu nehmen gelernt. In seiner Bescheidenheit aber ist ihm das harte Leben nie schwer geworden, und er ist auf diese Weise weit herumgekommen in der Welt.

Am berühmtesten unter ihresgleichen ist jedoch die Eselin Hephzibah geworden, eine Hauptdarstellerin aus Thornton Wilders Dreiminutenspiel für drei Personen »Die Flucht nach Ägypten«. Als Leiterin einer Diskussionsgruppe unter den Eselinnen ihres Heimathofes ist sie nicht nur imstande, die politische Lage des langen und breiten zu erörtern, sondern auch, äußerst interessante Gespräche über Religion zu führen. Eifrig mit dem Munde und faul mit den Füßen gefährdet sie das Gelingen der Flucht, bis Maria sie an das Geschehen im Stall erinnert. Da versteht sie endlich die Situation: »Ich wußte gar nicht, daß ich dermaßen laufen kann; es ist ja ein wahres Vergnügen! Gütiger Heiland, welch eine Eselin war ich doch, über den Verstand zu disputieren, während mein Heiland in Gefahr schwebte! Seht ihr die Lichter der Stadt noch nicht? Das ist die Sphinx dort zur Rechten, meine Herrschaften. Ja, 3655 vor Christus. – Also es ist schon eine wunderliche Welt, in der es von Eseln abhängt, ob der Heiland am Leben bleibt. Aber so ist es nun einmal. Warum hast du es mir nicht früher gesagt, liebste Herrin?«

Von Eseln wimmelt es förmlich im »Hernalser Eselsritt«, einem Volksfest des Wiener Stadtteils Hernals, das sich angeblich auf die Türkenbefreiung 1683 bezog, in Wirklichkeit aber ein Überbleibsel der mittelalterlichen Narren- oder Eselsfeste war, auf die wir schon hinwiesen; allerdings lag hier der besondere



Akzent auf der Flucht nach Ägypten. Einem alten

Bericht zufolge vollzog sich die Prozession in folgender Ordnung: »1. Der Dorfscherg mit seinem Stab, Platz zu machen. 2. Zween Franziskaner auf Eseln. 3. Die drei Mohrenkönige. 4. Eine Menge Juden, Araber und Sarazenen auf Eseln und Pferden. 5. Pilatus und Herodes auf Eseln. 6. Der Pfarrer zu Herrenals. 7. Maria auf einem Esel mit dem Jesuskind auf dem Schoos, vorgestellt, wie sie in der Flucht nach Aegypten begriffen. 8. Zur Seite der Pflegevater Joseph und Johannes der Täufer zu Fuß. 9. Die Familie Jesu. Die zwölf Jünger; Maria Magdalena; Maria Salome; Josef von Arimathia, teils zu Fuß, teils auf Eseln. 10. Die Brüderschaft.«
Alle diese Ausschmückungen und Zusätze des kurzen Matthäusberichtes von der Flucht nach Ägypten haben nichts mehr mit der Auslegung dieser Stelle durch die Kirchenväter und die mittelalterlichen Exegeten zu tun. Diese sind entsprechend der Interpretation, die man bereits der Stelle Jes. 1, 3 gegeben hatte, überwiegend der Meinung, der Esel repräsentiere das Volk der Heiden. Derselbe Versuch, die Heidenvölker in den Bereich des Evangeliums einzuordnen, begegnet ausdrücklich und ausführlich bei der Eselin des Einzugs in Jerusalem.

*Die Eselin des Einzugs in Jerusalem*

Matth. 21, 1 – 11 wird berichtet, Jesus habe, vor Bethphage am Ölberg angekommen, zwei Jünger mit folgendem Auftrag in das Dorf gesandt: »Ihr werdet dort alsbald eine Eselin angebunden finden, die ihr Füllen bei sich hat. Macht sie los und bringt sie mir!« Nachdem das geschehen war, legten die Jünger ihre Mäntel auf die Tiere. Jesus setzte sich darauf und hielt unter dem lauten Jubel der Leute, die ihre Mäntel vor ihm auf den Boden breiteten und Zweige von den Bäumen hieben, um den Weg damit zu bestreuen, seinen feierlichen Einzug in Jerusalem, zur sichtbaren Erfüllung des Prophetenwortes (Sach. 9, 9): »Sage der Tochter Zion: Siehe dein König kommt zu dir, bescheiden, er sitzt auf einer Eselin und auf einem Füllen des Lasttieres.«

Das Sacharjawort, das eindeutig nicht zwei Tiere meint, sondern nach dem Gesetz des Parallelismus membrorum, das der orientalischen Poesie eigen ist, denselben Gedanken in zwiefach verschiedener Form ausdrückt, wird bei Matthäus so aufgefaßt, daß zwei Tiere erscheinen. Nach dem Text ist es klar, daß beide Tiere Decken aus Mänteln erhalten, unklar, ob Jesus auf beiden sitzt.

Die allegorische Auslegung hat diese – schon in der Textüberlieferung sichtbar vorhandene – Schwierigkeit der Stelle ohne Mühe gelöst. Der Evangelienkommentar des Thomas von Aquino, die »Catena aurea«, die Exzerpte aus den exegetischen Schriften der Kirchenväter zusammenstellt, bietet folgende Bemerkungen zu den die Esel betreffenden Sätzen dieser Perikope: »Der Herr sandte also von dem Ölberge die Jünger in den Flecken ab, weil er von der ersten Kirche Prediger in die Welt aussandte. Er sandte aber zwei ab, wegen der zwei Ordnungen der Prediger, welche der Apostel mit den Worten ausdrückt (Gal. 2): Er, welcher Petrus das Apostelamt der Beschneidung verlieh, verlieh auch mir das Amt unter den Heiden (Remigius von Reims). Oder darum sandte er zwei ab, weil es zwei Gebote der Liebe gibt, oder wegen der zwei Testamente, oder wegen des Buchstabens und des Geistes – oder wegen der Theorie und Praxis, das heißt der

Wissenschaft und der Werke. Die Eselin aber, welche unter dem Joche ging und gezähmt war, bedeutet die Synagoge, welche das Joch des Gesetzes getragen hatte; das Füllen der Eselin ist das ausgelassene und freie Heidenvolk; denn Judäa ist nach Gott die Mutter der Heiden (Hieronymus). – Darum erzählt Matthäus allein, welcher für die Juden sein Evangelium schrieb, daß die Eselin zu dem Herrn geführt wurde, um zu zeigen, daß auch dieses hebräische Volk, wenn es Buße tut, an dem Heile nicht verzweifeln dürfe (Hrabanus Maurus).

Wegen einiger Ähnlichkeit gleichen die Menschen diesen Tieren, welche den Sohn Gottes nicht kennen. Denn dieses Tier ist unrein und vor den übrigen Zugtieren ungeschickt, dumm, schwach, unansehnlich und lasttragend. So waren die Menschen vor der Ankunft Christi durch verschiedene Leidenschaften befleckt, unvernünftig, der rechten Erkenntnis beraubt, töricht wegen der Verachtung Gottes, schwach an der Seele, unansehnlich, weil sie die himmlische Abkunft vergessend Sklaven ihrer Leidenschaften und der Teufel wurden, lasttragend, weil sie die von den Teufeln oder den Weltweisen auferlegte Last des Irrtums trugen.

Die Eselin aber war gebunden, das heißt durch die Fesseln des teuflischen Irrtums abgehalten, so daß sie nicht frei, wohin sie wollte, gehen konnte. Denn ehe wir sündigen, haben wir einen freien Willen, dem Willen des Teufels zu folgen oder nicht. Wenn wir uns aber einmal durch die Sünde an seine Werke gebunden haben, können wir schon durch unsere Kraft nicht mehr entrinnen; sondern wie das Schiff, wenn das Steuerruder gebrochen ist, dahingeführt wird, wohin der Sturm will, so tut auch der Mensch, wenn er durch die Sünde sich der Gnadenhilfe beraubte, nicht das, was er will, sondern was der Teufel will. Und wenn ihn nicht Gott mit der kräftigen Hand seiner Erbarmung losbindet, wird er bis zum Tode in den Fesseln seiner Sünden verharren. Und darum sagt er zu seinen Jüngern: Machet sie los, nämlich durch eure Lehre und eure Wunder, weil alle Juden und Heiden durch die Apostel befreit wurden. Und führet sie zu mir her, das heißt bekehret sie zu meiner Ehre (Johannes Chrysostomus). – Als er daher in den Himmel fuhr, befahl er seinen Jüngern, die Sünder loszubinden, indem er ihnen den Heiligen Geist gab (Joh. 20). Wenn sie aber losgesprochen wachsen und von der Gottheit des Wortes sich nähren, so verdienen sie es, in den Ort zu kommen, von dem sie aufgenommen wurden, nicht mehr zu den früheren Werken, sondern daß sie ihnen den Sohn Gottes predigten. Dieses sagen die Worte: Und sogleich wird er sie auch lassen (Origenes). – Oder es wird durch die Eselin und das Füllen die doppelte Berufung von den Heiden angedeutet. Denn die Samariter dienten unter einer veralteten Beobachtung, und waren verwildert, und daher werden sie durch die Eselin bezeichnet. Auch die Heiden waren wild und zügellos, welche nämlich durch das Füllen bezeichnet werden. Daher werden zwei abgesendet, um die von den Banden des Irrtumes Gefesselten zu lösen. Denn durch den Diakon Philippus glaubte Samaria (Apg. 8); durch Petrus wurde Cornelius gleichsam als der Erstling der Heiden zu Christus geführt (Apg. 10) (Hilarius von Poitiers).

Das Kleid der Apostel aber, welches auf das Lasttier gelegt wird, ist entweder die Lehre der Tugenden oder das Verständnis der Schrift, oder die mannigfachen

kirchlichen Lehren; denn wenn die Seele darin nicht unterrichtet und damit ausgerüstet wird, verdient sie den Herrn nicht in sich zu haben (Hieronymus). – Der Herr aber zieht auf dem Esel sitzend nach Jerusalem ein, weil er, seiner heiligen Kirche oder der gläubigen Seele vorstehend, sie sowohl in dieser Welt leitet, als auch nach diesem Leben zur Anschauung des himmlischen Vaterlandes führt. Der Apostel aber und die übrigen Lehrer legten ihre Kleider auf die Eselin, weil sie die Herrlichkeit, welche sie von Christus erhielten, den Heiden gaben (Remigius von Reims).«
Die gleiche Katene enthält zu dem Text Joh. 12, 12–15, der ebenfalls, aber sehr viel knapper als Matthäus, den Einzug in Jerusalem beschreibt, die Bemerkung Augustins: »Unter dem jungen Esel aber, auf dem niemand noch saß, wie wir bei den übrigen Evangelisten lesen, verstehen wir das Heidenvolk, welches das Gesetz des Herrn nicht empfangen hatte; unter der Eselin aber, weil beide zu dem Herrn geführt wurden, sein Volk, welches von dem Volke Israel kam.«
Mit diesen Auszügen des Thomas ist im wesentlichen die Spannweite der Tradition umschrieben, die, seit Beda Venerabilis (673/74 bis 735) in seinem Homilienwerk über das ganze Kirchenjahr die seiner Meinung nach besten Auslegungen der Kirchenväter gesammelt und geordnet hatte, der Evangeliendeutung des gesamten Mittelalters die Grundlagen ab. Diese Tradition hat dem Christus tragenden Esel der Palmsonntagsperikope eine erstaunlich große Bedeutung geschenkt. Bernhard von Clairvaux hatte ausrufen können: »Wer würde nicht jenes Tier aufs höchste beneiden, auf dessen demütigem Rücken der Erlöser, von seiner unaussprechlichen Sanftmut getrieben, zu sitzen geruhte!«

*Einzug in Jerusalem. (Monogrammist LCZ)*

Die Folgezeit kennt nur wenig Varianten der traditionellen Auslegung. Die auf Johannes Chrysostomus zurückgehende Ansicht, daß die angebundene Eselin ein Bild des »mit Leid umfangenen, mit Übel gebundenen« Menschen sei, teilt Otfried von Weißenburg (9. Jahrhundert) in seinem »Evangelienbuch«. Nach der dem Matthäusevangelium folgenden Beschreibung des Einzugs in Jerusalem gibt er folgende »geistliche Auslegung«:

*»Hier ist es notwendig zu berichten die symbolische*
*Bedeutung In (seinem) Zug und (seinem) Gang*
*und im Gesang der Leute*
*Was das Tier bedeutet, die Kleidung hier auch anzeigt,*
*Und die Äste, die sie abrissen, und auf den Weg*
*legten.*
*Dieses selbe Tier sind wir, erkenne es an dir selber;*
*Wegen der Torheit sind wir es bestimmt!*
*Esel, das wissen wir, das ist ein sehr dummes Tier.*
*Ich scheue mich vor diesen Worten nicht: Es ist*
*sehr geil.*
*Es kann fürwahr auch schwere Bürden tragen,*
*Kann Schaden sehr erleiden, kann ihn nicht vermeiden.*
*Wir waren stets verloren und mit Sünden beladen*
*Trugen nach unserem Verdienst die unermeßliche*
*Bürde.*
*Auch waren wir gefesselt, mit Leid umfangen,*
*Mit Übel gebunden, durften nicht Herr über uns*
*sein.*
*Wir waren untauglich und überaus töricht,*
*Wie die, die Gott nicht erkennen und sich ihm*
*auch nicht nahen.*
*Wir waren mit Abgöttern schrecklich unrein,*
*Mit mannigfacher Missetat; es begann uns schwer*
*entgegenzutreten.*
*Als er das dann leisten und seinen Knechten gnädig*
*sein wollte,*
*Daß er uns ganz und gar heilte, das bezeichnet der*
*Ölberg.*

*Er bezeichnet fürwahr die Höhe seiner Gnade,*
*Das Öl auch die Ebenheit seiner Huld.*
*Da sandte er uns seine Vertrauten mit seinen zwei Geboten*
*– Das bezeichnen dort die zwei Jünger –*
*Daß sie die Leute lehrten, daß sie einander liebten,*
*Es auch nicht anders täten, als Gott mit Liebe zu erkennen;*
*Daß sie uns Müden fänden, vom Unglauben uns losbänden,*
*Mit Predigt uns zusetzen, daß sie uns zu ihm führten.*
*Daß sie uns mit Lehre deckten, vom Unglauben erweckten,*
*Daß es Christus süß würde, in unseren Herzen zu sitzen.*
*So vernehmen wir gewißlich, daß Christus nicht in dir wohnt,*
*Wenn sie die Kleidung nicht auf dich legen, dich mit der Predigt bedecken.*
*Sobald sie das Bild ihres Glaubens über dich legen,*
*Das glaube mir, so wohnt der Herr in dir.*
*Er leitet dich mit Lust zu der Heimat,*
*Und lenkt uns alle zu dem Kastell,*
*Zu sehr hohen Mauern und zu eigenen Wohnstätten,*
*Zur Festigkeit der Heimstatt, des hohen Himmelreiches.«*

Die *Legende* hat an dem an sich schon recht ausführlichen Matthäustext und der breit ausmalenden Exegese nicht viel Erweiterungen anbringen können. Die apokryphen Thomas-Akten, die, in der ersten Hälfte des dritten Jahrhunderts verfaßt, eine christlichgnostische Spielart der hellenistisch-orientalischen Romanliteratur darstellen, erzählen, unter anderen Wundertaten des »Apostels Syriens, Parthiens und Indiens«, seine Begegnung mit einem Eselsfüllen: Das kam, als er auf der Landstraße stand und sich mit der Menge unterredete, heran, trat vor ihn, öffnete seinen Mund und sprach: »Zwillingsbruder des Christus, Apostel des Höchsten und miteingeweiht in das verborgene Wort des Christus, der du seine verborgenen Aussprüche empfängst, Mitarbeiter des Sohnes Gottes, der du, während du frei warst, ein Knecht geworden bist und, verkauft, viele zur Freiheit geführt hast, Verwandter des großen Geschlechts, das den Feind verurteilt und sein Eigentum (von ihm) erlöst hat, der du vielen im Lande der Inder Ursache des Lebens geworden bist – denn du kamst zu den irrenden Menschen, und durch deine Erscheinung und deine göttlichen Worte wenden sie sich jetzt zu dem Gott der Wahrheit, der dich gesandt hat –, steig auf, setze dich auf mich und ruhe dich aus, bis du in die Stadt eingehst!« Und der Apostel hob an und sprach: »O Jesus Christus, Sohn der vollkommenen Barmherzigkeit, o Ruhe und Gelassenheit und du, von dem jetzt durch die unvernünftigen Tiere geredet wird, o verborgene Ruhe und der du durch die Tätigkeit geoffenbart wirst als unser Erlöser und Ernährer, der du uns bewahrst und auf fremden Körpern ruhen läßt, Retter unserer Seelen, süßer und unversieglicher Sprudel, feststehende, reine und niemals getrübte Quelle, ... – wir rühmen und preisen dich und deinen unsichtbaren Vater und deinen heiligen Geist und die Mutter aller Geschöpfe.« Als der Apostel dies sagte, blickte die ganze anwesende Menge auf ihn, zu hören

erwartend, was er dem Füllen antworten würde. Nachdem aber der Apostel lange Zeit (wie außer sich) gestanden und zum Himmel geblickt hatte, sprach er zu dem Füllen: »Wer bist du und wem gehörst du? Denn erstaunlich und seltsam ist, was durch deinen Mund kundgetan ist, was auch den meisten verborgen ist.« Das Füllen aber antwortete und sprach: »Ich bin von jener Familie, die dem Bileam gedient hat, und zu welcher der Geschlechtsgenosse von mir gehörte, auf den sich dein Herr und dein Lehrer gesetzt hat. Und ich bin jetzt gesandt worden, dir dadurch, daß du dich auf mich setzt, Ruhe zu geben und damit diese da Glauben empfangen und mir jenes Teil beigelegt wird, welches ich jetzt durch den Dienst, den ich dir leisten werde, gewinnen soll, und das, wenn ich dir nicht diene, von mir genommen wird.« Der Apostel aber sprach zu ihm: »Der dir diese Gabe der Rede geschenkt hat, kann machen, daß sie dir und deinen Geschlechtsgenossen bis zum Ende vollkommen gegeben werde. Denn ich bin diesem Geheimnis gegenüber kraftlos und schwach.« Und er wollte sich nicht daraufsetzen. Das Füllen aber bat und flehte ihn an, er möge es dadurch, daß er auf ihm ritte, segnen. Darauf stieg der Apostel auf und setzte sich, und alle gingen mit ihm, die einen, indem sie vorauseilten, die andern, indem sie ihm folgten. Sie rannten aber alle, da sie das Ende sehen wollten und wie er das Füllen entließe. Als er aber nahe an die Tore der Stadt kam, stieg er von ihm ab und sprach: »Geh und laß dich verwahren, wo du warst.« Sogleich aber fiel das Füllen auf den Boden zu Füßen des Apostels und verendete. Alle Anwesenden aber waren betrübt und sprachen zum Apostel:
 »Mache es lebendig und erwecke es!« Er aber antwortete

und sprach zu ihnen: »Ich könnte es wohl durch den Namen Jesu Christi erwecken. Aber dies nützt ihm durchaus nichts. Denn der ihm Rede gegeben hat, daß es redete, konnte auch machen, daß es nicht stürbe. Ich erwecke es aber nicht, nicht als wenn ich es nicht könnte, sondern weil dies das ist, was ihm hilft und nützt.« Den Anwesenden aber befahl er, eine Grube zu machen und seinen Körper einzugraben. Und sie taten, wie er befahl.

Der Legendenstoff um die Rivalität zwischen Pferd und Esel, der bereits anläßlich der Ausmalungen der Flucht nach Ägypten in einer wallonischen Tradition begegnete, wurde auch mit dem Palmsonntag verknüpft. Als Jesus sich nach dreijähriger Tätigkeit entschloß, hinauf nach Jerusalem zu ziehen, traf er hinter einem Hofe ein Pferd. »Trägst du mich wohl hinauf?« fragte er und legte die Hand auf seinen Hals. Das Pferd aber, das gerade äste, schüttelte nur den Kopf. Dann antwortete es und sprach: »Vielleicht. Erst laß mich aber fertig fressen.« Da wandte sich Jesus um und sprach zu einem Esel, der daneben stand: »Du, Bruder Grautier? Wenn ich dich um dieses fragen würde –?« »Ja«, meinte der Esel; »aber mit einem Langohr machst du keinen Staat. Und Könige reiten lieber auf einem Pferde statt auf mir.« Jesus stieg aber auf den Esel. Und er trug ihn nach Jerusalem, und seine Kameraden gingen mit ihm, immer an den beiden Straßenrändern. Und abends, wenn sie in einem Hofe übernachten durften, da stand der Esel draußen und begnügte sich mit Disteln oder Spreu. So ist es zuletzt gekommen, daß das Pferd ein Kriegspferd wurde; dem Esel jedoch gab Jesus eine Zeichnung auf den Rücken, ein Kreuz, das dunkler als das übrige Fell des grauen

▲ *Die Flucht nach Ägypten. Relief in der Kirche von Autun*
► *Jan van Halderen, Einzug in Jerusalem. Nikolaikirche in Kalkar*

Bruders ist – ein An- und Nachgedenken dessen, daß er Jesus trug.
Im 20. Jahrhundert ist gerade dem Esel des Palmsonntags ein Gedicht gewidmet worden, das in der Existenz der verachteten und geschlagenen Kreatur die geheime stolze Erinnerung des Christusträgers transparent macht: »Der Esel« von Gilbert Keith Chesterton (1874–1936).

*»Es flog der Fisch, es ging der Wald,*
*die Feige wuchs am Dorn.*
*Damals, der Mond schien rot wie Blut,*
*ward ich gewiß geborn.*

*Mit großem Kopf und siechem Schrei,*
*mit Flatterohren gar*
*bin ich des Teufels Parodie*
*auf die Vielfüßlerschar.*

*Zerfetzt mich, höhnt mich, schmäht mich nur*
*verschroben und verstockt!*
*Verhungern will ich, eh ihr mein*
*Geheimnis mir entlockt.*

*Von meiner Stunde stolz und süß,*
*ihr Narrn, was wißt denn ihr!*
*Da hatte ich Jubel in meinem Ohr*
*und Palmen zu Füßen mir.«*

Wie schon bei Otfried von Weißenburg das irdische Jerusalem zugleich das Bild der Stadt Gottes, des himmlischen Jerusalem, war, so zieht auch Johann Wolfgang von Goethe die Linie vom Einzug in Jerusalem bis zum Einzug ins Paradies:

*»Vier Tieren auch verheißen war,*
*ins Paradies zu kommen:*
*Den Vortritt hier der Esel hat,*
*er kommt mit muntern Schritten,*
*denn Jesus zur Prophetenstadt*
*auf ihm ist eingeritten.«*

Was ist eigentlich aus dem Esel geworden, der Christus trug? Sollten sich nicht einige der Jünger, die Christus am Tage seines Einzugs begleiteten, auch weiter um das Tier bekümmert haben, das die göttliche Bürde getragen hatte, für es gesorgt und schließlich seine sterblichen Reste aufbewahrt haben? So fragte noch ganz unbefangen im 19. Jahrhundert der Erforscher liturgischer Dramen des Mittelalters, Félix Clément. Er war nicht mit der Legendentradition vertraut, die berichtet, der Palmsonntagsesel habe nach dem Tode Jesu nicht mehr in Jerusalem leben wollen. Er durchschwamm beziehungsweise durchschritt daher das Meer und gelangte über Cypern, Rhodos, Kreta, Malta und Sizilien nach Aquileja, ließ sich schließlich in Verona nieder und lebte dort noch lange Zeit. Seine Gebeine wurden dort im Kloster als Reliquien aufbewahrt und noch im 17. Jahrhundert gezeigt. Der Schwanz, so berichtet Calvin, gehörte zum Reliquienschatz der Kathedrale von Genua. Die Legende hatte aber bereits der sprachmächtige bayerische Barockprediger Andreas Strobl (1641–1706) nicht ohne Humor im Grundansatz erledigt:
»Das Schweißtüchlein, mit welchem Christus am Ölberg den Schweiß abgetrocknet, wird andächtiglich aufbehalten auf dem Berg Andechs. Ja sogar von dem Stroh vom Kripplein des Herrn werden Partikuln

gezeigt in dem Kloster Norresheim. Aber von dem Esel, welcher Christum, den wahren Gott und Menschen auf seinem Rücken getragen, da er zu Jerusalem triumphierlich eingeritten, lieset man nichts, daß er wäre verehrt, die Haut oder was anders von ihme wäre aufbehalten worden. Was ist nun die Ursach? – Der Hochwürden und hochgelehrte Pater Obernascher, meus olim in Theologia Speculativa Professor, gibt diese Antwort: Res illae, quae post contactum Christi manserunt communibus usibus perviae, nun sunt adorandae, zu Teutsch: Diejenigen Sachen, so zwar Christum den Herrn berührt, aber nach solcher Berührung nicht aufbehalten, sondern darnach, gleichwie zuvor, zu gemeinem Gebrauch angewendet, und also entweihet worden, die tut man nicht verehren oder anbeten. – Die Eselin aber, auf welcher Christus gesessen, ist allem Gedunken nach, wiederum hernach insgemein gebraucht und zur Arbeit angewendt worden. – Aber, liebe Zuhörer, eine andere Ursach möcht vielleicht diese sein: Christus wollte nicht, daß man dem Esel eine Ehr sollte antun, weilen selbiger ein Sinn- oder Vorbild ist des sündigen Menschen, dann der tumme Esel läßt sich nicht recht zähmen oder leiten wie ein Pferd, sondern ist ganz hartmäulich, beinebens auch gar undankbar, erkennet vielmehr den Barm oder Krippen, als seinen Herrn, der ihm zu essen gibt.«

Ohne Rücksicht auf solcherart abschätzige Bemerkungen hatte der *Volksbrauch* den christustragenden Esel schon lange zu regelmäßigen Ehren erhoben. Die Wurzeln dieses Brauches liegen im Kult. Im Inventar
 der Abtei des Abtes Jakobus von Mosnitz (Moggio) in

Friaul aus dem Jahre 1250 wird ein »hölzerner Esel, auf dem ein Christusbild sitzt« genannt und damit ein beispielhafter Beleg für den Brauch der *Palmesel-umzüge* gegeben. Die erste Erwähnung des Brauchs scheint in der Lebensbeschreibung des heiligen Ulrich von Augsburg im 10. Jahrhundert vorzuliegen. Diese Palmeselumfahrten stehen in natürlichem Zusammenhang mit den liturgischen Prozessionen und Passionsspielen; vielleicht ist speziell im Falle des Palmesels auch die Schaustellung des Eselsreliquiars bei Prozessionen in Verona von Einfluß gewesen. Verbreitet war der Brauch in Süddeutschland, dem Elsaß und den Alpenländern.

Es lag nahe, am Palmsonntag den Einzug Jesu in Jerusalem nachzubilden. Seltener trat bei diesen Prozessionen der Bischof selbst, vom Klerus gefolgt, als Darsteller Christi auf. Meistens benutzte man einen holzgeschnitzten Esel, auf dem Christus in Lebensgröße mit segnender Gebärde saß, und der, auf eine Platte mit Rädern montiert, feierlich von Kirche zu Kirche durch die Straßen gezogen und schließlich in einer Kirche neben dem Altar aufgestellt wurde, wo er während des Gottesdienstes blieb. Nicht selten wurden diese Palmeselprozessionen – besonders im Geschmack des Barock – zu Gelegenheiten wetteifernder Prachtentfaltung der großen Städte. Hamburg, Köln, Breslau und Nürnberg werden hier besonders genannt. Den Charakter der deutlichen Nachbildung des Einzugs Jesu unterstrich man in Kempten dadurch, daß zwölf Apostel mit schwarzen Bärten – nur Judas trug einen fuchsroten – hinter dem Esel herschritten. Im Hinblick auf den Pomp solcher Schaustellungen bemerkt der Grazer Jesuit Anton Augusti 1691 bei

Gelegenheit einer Schilderung der Grazer Palmsonntagsprozession, es habe aber dort eben doch ein Esel über die prächtigsten Reitpferde »die Palme davongetragen.«
Die Ehre, das Eselsbild ziehen zu dürfen, wurde unter verschiedenen Gesichtspunkten zugeteilt. Anfangs scheint diese Aufgabe, wie das Tragen der Kreuze in der Karfreitagsprozession, von frommen Männern wahrgenommen worden zu sein, die damit eine Bußleistung für ihre Sünden verbanden. Dann wird dieser Dienst zum Vorrecht der Zünfte, besonders der Metzger- und Bäckerzunft. Auch Ratsherren und Patrizier werden als Ziehende genannt. Später, als Büßermut und Begeisterung nachließen, sah man sich zu finanziellen Anreizen genötigt. So vermerkt das Stadtbuch von Marburg an der Drau im 16. Jahrhundert in bezug auf die Zunft der »Heber« (das heißt Transportarbeiter, die das Aufladen der Weinfässer besorgten), im Hinblick auf ihre Verpflichtung zu Wetterläuten und Palmeselumführen werde ihnen Steuernachlaß gewährt: »Item die Höber dienen der Statt von den Heben funff Marckh phening. Man Lässt Inen aber nach, von wegen das sy gegen den wetter Leytten unnd das sy den Esel am Palm Sonntag in der proceß füern unnd ziechen.« Wohl im Zusammenhang mit der wörtlichen Übersetzung des hebräischen, keineswegs auf Unmündige beschränkten Ausdrucks »Kinder der Hebräer« im apokryphen Nikodemusevangelium tauchen – wie auf allen Einzugsdarstellungen der bildenden Kunst – auch hier Kinder auf. Entweder ziehen sie ebenfalls den Palmesel durch die Straßen oder sie dürfen während der
 Prozession abwechselnd hinter der Christusfigur auf

dem hölzernen Esel aufsitzen und reiten. In Freiburg war es Brauch, daß die Kinder nach dem Gottesdienst, von dem Sakristan gegen Entgelt gezogen, auf dem Palmesel einen Spazierritt um das hohe Münster machten. So wurde der Esel zu einem Gegenstand freundlicher Volksbelustigung. Aus Dinkelsbühl ist die Übung bekannt, daß die Kindermädchen ihre Schützlinge zu dem während des ganzen übrigen Tages außerhalb der Kirche zur Schau gestellten Palmesel führten und sie mit Eiern und Zuckerbrötchen überraschten, die sie vorher unter dem hölzernen Mantel Christi versteckt hatten.

Diese von einzelnen Orden und Bruderschaften besonders geförderten volksliturgischen Demonstrationen der Barockzeit waren nicht nur in der alten liturgischen Tradition und in der barocken Lust am Theaterspielen begründet, sondern auch als deutliche Stellungnahme gegen die strenge reformierte Auffassung gemeint, die solche Holzbilder und ihre quasi kultische Verwendung als Zeichen heidnischer Tierverehrung und damit skandalöser Abgötterei verurteilt und die Palmeselbildwerke nicht selten vernichtet hatte. Im 18. Jahrhundert verbot dann im Rahmen des Skeptizismus der Aufklärungszeit Josef II. in Österreich die Palmeselumzüge, nicht überall mit bleibendem Erfolg, denn in Thaur bei Innsbruck und Buch bei Hallein sind sie heute noch üblich. Viele Palmesel gingen verloren, eine Anzahl von ihnen ist in Museen (z. B. in München, Nürnberg, Kloster Wettenhausen bei Ulm, Köln, Straßburg, Colmar, Basel, Zürich, Bozen) erhalten geblieben.

Der – oft mit großer Kunst ausgeführte – hölzerne Palmesel, auf dem der segnende Christus reitet, bedeutet die reduzierteste Form der bildlichen Darstellung des Einzugs in Jerusalem, dessen Tragweite die Exegeten so stark betonten. Er ist damit repräsentativ für einen Konzentrationsvorgang in der Bildaussage, der – ebenfalls die Passion Christi betreffende – Parallelen in der Jesus-Johannes-Gruppe und in der Pietà-Gruppe hat, die einerseits die Gemeinschaft des letzten Abendmahls, andererseits die große Szene der Kreuzabnahme exemplarisch verdichten.

Die vom 4. Jahrhundert an zahlreich auftretenden *bildlichen Darstellungen des Einzugs in Jerusalem* bieten, was die Figur des Esels betrifft, keine Zusätze über das hinaus, was immer schon in Exegese und Predigt gesagt worden war. Im Osten läßt man Christus häufig seitlich auf dem Esel wie auf einem Thron sitzen; im Westen bevorzugt man den Reitsitz. Der Esel hat manchmal selbstbewußt oder von der Menge scheuend den Kopf erhoben; manchmal hält er ihn demütig zu Boden gesenkt; manchmal knabbert er auch an den Zweigen, die ihm die Kinder hinhalten. Miniaturen geben gelegentlich ausführlich die Stationen des Matthäusberichtes an, wobei Jerusalem in der Regel als mittelalterliche Burg erscheint. Das Fell des Esels ist meist weiß – die Farbe des Triumphs und der königlichen Würde. Damit ist das Tier, wie es auch in legendären Ausschmückungen oft geschieht, gleichzeitig in Beziehung zu dem Esel gesetzt, der die Flucht nach Ägypten begleitete.

So stehen die prominenten Esel der Bibel und ihrer Auslegungsgeschichte durchaus miteinander in Zusammenhang, herausgehoben aus der Fülle ihrer

Artgenossen und diese Artgenossen zugleich »heiligend« dadurch, daß sie der Divination und der Sprache, der Beispielhaftigkeit und vor allem des Dienstes der Gottesträgerschaft gewürdigt sind, ohne – wie das Lamm und der Löwe – lediglich Symbolcharakter zu tragen! Gott liebt die Esel, und in der Art, wie sie konkret durch die biblischen Geschichten wandern, vollzieht sich eine Form der Konversion Gottes zur Welt.

Bernhard von Clairvaux macht das sehr deutlich, wenn er in einer Ansprache auf das Fest Mariä Reinigung zwei Prozessionen vergleicht: Da ist zuerst die eine zur Darstellung im Tempel, die von vier Personen festlich begangen wird: Maria, Josef, Simeon, Hanna, diesen wenigen, aber gerechten, heiligen und vollkommenen Menschen. Sünder hatten dort keinen Platz. »Aber willst du nur diese erretten, Herr?« Bei der zweiten Prozession, dem Einzug Jesu in Jerusalem, war es anders. Menschen jeder Art waren dabei, Apostel und Sünder, die Volksmenge und die Tiere. »Denn Gott will Menschen und Vieh retten!« »Und hier gehen nun Volksscharen voraus, Volksscharen folgen nach. Nicht mehr die Jungfrau trägt den Herrn, sondern das Füllen einer Eselin. Er verschmäht also niemanden.« So ist es also möglich, an diesem Reittier des Einzuges den Sinn der Inkarnation zu erläutern.

# IV. Non è cristiano?

»Non è cristiano!« antworteten die Bauern in Kalabrien, wenn man sie vorwurfsvoll fragt, warum sie mit ihrem Esel so grob umgehen. Das ist sicher keine Entschuldigung für die verächtliche Behandlung der Kreatur und in Italien zudem vermutlich eher mit Reminiszenzen des alten römischen Rechtes verknüpft, für das das Tier res und nicht persona war, als mit christlichen Argumenten. Was aber die christliche Fragestellung betrifft, so lassen die in der vorhergegangenen skizzenhaften Darstellung gegebenen Hinweise auf die Rolle des Esels in der Bibel und ihrer Auslegung die Behauptung, daß der Esel kein Christ sei, nicht unangefochten bestehen. Der Redensart »Non è cristiano!« steht zum mindesten mit dem gleichen Gewicht die bei Dostojewski beschriebene Sitte der russischen Christen entgegen, das Tier mit den Worten zu grüßen: »Christus sei mit dir!«

Gewiß reicht der schwarze Streifen, der längs über den Rücken des Esels läuft und zusammen mit dem andern, der quer von Schulter zu Schulter geht, ein Kreuz bildet, nicht zur christlichen Legitimation aus. Dieses rein äußerliche Attribut würde nicht einmal bei Menschen gelten.

Es genügt auch – leider – nicht, anzumerken, daß der Esel, sowenig er sich sonst zum Symbol eignet, immer das Sinnbild der Friedfertigkeit gewesen ist, eine konkrete Eigenschaft, die zweifellos dem abstrakten Reden über den Frieden vorzuziehen ist.

Neben der Bedeutung, die er als Haustier in der Welt der Bibel hat und den theologischen Pointen, die, wie im Kapitel III dargelegt wurde, mit ihm verbunden sind, muß jedoch in diesem Zusammenhang die Tatsache erwähnt werden, daß das älteste erhaltene

Christusbild die Karikatur eines gekreuzigten Esels ist!

Es ist bekannt, daß die Juden gerade wegen ihres bildlosen Kultes der Eselsanbetung geziehen wurden. Philo von Alexandrien wehrt sich in seiner Schrift gegen Apion mit scharfen Worten gegen diese »unverschämte Behauptung«, die Juden hätten in ihrem Tempel einen Eselskopf aufgestellt und Antiochus Epiphanes habe, als er den Tempel ausraubte, dort einen überaus kostbaren goldenen Eselskopf gefunden. Die entschieden antijüdische gnostische Schrift »Genna Marias« aus der Mitte des 2. Jahrhunderts greift diese Vorstellung, die sich gewisse heidnische Kreise und die Polemik des Altertums vom Volk der Juden machten, ebenfalls auf.

Derselbe Vorwurf wurde von Tacitus, Plutarch und anderen gegen die Christen erhoben und in Tertullians Apologeticus mit brillanter Schärfe zurückgewiesen. Ironisch schließt Tertullian: »Was euch betrifft, so werdet ihr doch wohl nicht leugnen, daß ihr alle Arten von Zugtieren und ganze Gäule mit ihrer Göttin Äpona göttlich verehrt. Vielleicht ist das der Grund eures Mißfallens, daß wir mitten unter Anbetern sämtlichen zahmen und wilden Viehes bloß Eselsverehrer sind.« Tertullian erzählt auch von einem jüdischen Apostaten in Karthago, der eines Tages durch die Stadt lief und eine Bildtafel trug, auf der ein Mann in der Toga ein Buch in der Hand hielt, aber einen Eselskopf und Eselshufe trug. Darunter stand geschrieben: »Deus christianorum onokoetes.« Das griechische Wort onokoítes bedeutet: »Gezeugt durch Paarung mit einem Esel.« In der ganzen Stadt spreche man von nichts anderem, fügt Tertullian hinzu. In

*Tobias Stimmer: Einzug in die Arche*

einem bedeutenden Stück antiker Literatur, den Metamorphosen des Apulejus, findet sich die Schilderung einer ganz offenbar als Christin dargestellten Frau, die hemmungslos in einen Esel verliebt ist. Offenbar handelte es sich um eine zu Anfang des 3. Jahrhunderts allgemein umlaufende Verleumdung. Das ist auch Minutius Felix und, hundert Jahre später, Arnobius zu entnehmen.

Eine sehr bekannte, etwa in den Beginn der Ära der Antonine zeitlich einzuordnende Karikatur aus dem Pädagogium, einer Schule kaiserlicher Pagen, in der domus Gelotiana auf dem Palatin, mit vielen anderen

Graffiti in die Wand geritzt, zeigt ein Kreuz in Tauform mit Suppedaneum, daran einen Mann mit einem Eselskopf. Links davon steht ein Mann, der dem Gekreuzigten den Gruß der Ehrerbietung erweist. Dazu ist geschrieben: »Alexamenos sebet(ai) theon, Alexamenos betet Gott an.« Im Atrium eines Hauses in Pompeji, der heute sogenannten Casa dei cristiani, wurden mehrere Wandinschriften entdeckt, die den Schluß nahelegen, in diesem Hause habe sich ein Versammlungsort der Christen befunden. Dazu wurde ein Graffito mit dem böswilligen Text gefügt: »Mulus hic muscellas docuit.«

Auf diese Welle von Verleumdung und Spott ist es also zurückzuführen, daß Christus und der Esel über die traditionelle Bibelauslegung hinaus zueinander in bezug gesetzt wurden. Auch hier wandelt sich dann das Zeichen der Infamie zum Zeichen des Sieges.

Ganz positiv hat sich im 19. Jahrhundert der Erforscher mittelalterlicher Kultdramen, Félix Clément, dafür eingesetzt, daß die beim Eselsfest gesungene Sequenz »Orientis partibus« kein Spottgedicht, sondern das inspirierte Werk eines gelehrten und frommen Erzbischofs des 13. Jahrhunderts sei und daß der Esel in diesem Falle Christus selbst und seine Lehre symbolisiere.

Eine größere Nähe ist eigentlich nicht mehr denkbar.

Man wird diese Würdigung des Tieres richtig nur an der Aussage messen können, daß in Christus die neue Schöpfung begonnen habe. »Der Tag, der ist so freudenreich aller Kreature«, sagt ein heute noch gesungenes Weihnachtslied aus dem 14. Jahrhundert. Wenn in der Kunst der Katakomben Christus als

Verkörperung des Orpheus dargestellt wird, der durch sein Spiel auf der Kithara Tiere und Pflanzen in seinen Bann zog, so ist damit dasselbe gesagt: daß, nach einem Wort des Klemens von Alexandrien, Christus den Mißklang der Elemente zu gefügtem Wohlklang stimme, »auf daß die ganze Schöpfung ihm werde zur Harmonie«.

Viele alte Ausleger haben den Satz Mark. 1, 13, der von Jesus sagt: »Er war bei den Tieren«, nicht als Ausdruck der Gefährdung, sondern als Ansatz einer den Frieden der Endzeit heraufführenden Verbundenheit verstanden. Dazu muß auf die gigantische Endzeitvision im elften Kapitel des ersten Jesajabuches hingewiesen werden: das Reich des göttlichen Friedens, in das auch das Tier eingehen wird, und in dem das Zeichen der Gottesferne: das Gesetz des Kampfes zwischen Mensch und Tier und der Tiere untereinander, für immer aufgehoben ist. Die Welt mit allen ihren Geschöpfen ist in den Heilswillen Gottes eingeschlossen. Diese Erwartung ist auch in den Koran eingegangen. »Zu ihrem Herrn werden sie einst zurückkehren«, heißt es in der sechsten Sure von dem »Getier auf der Erde«.

Das Wunder der neuen Kreatur: Die – völlig unmythologische – Hochschätzung der Esel in den Aussagen und Interpretationen in der Bibel ist nur ein Exempel dieser eschatologischen Sicht der neuen Schöpfung, aber – sit venia verbo – ein exemplarisches Exempel.

Wie sich die Konturen der Endzeit jetzt schon abzeichnen, das heißt: wie die Tierwelt als Welt göttlicher Schöpfungswunder den mit Gott eng verbundenen

Menschen in ganz realem Sinne nahe ist und die neue Menschlichkeit des Menschen auch den Tieren zugute kommt, ist am *Modell der Heiligen* abzulesen. Aus der Fülle der – literarisch oft sehr reizvollen – Erzählungen und Legenden vom Umgang der Heiligen mit den Tieren in der Wüste, der Wildnis oder gar in einem eigens eingerichteten Tierkloster (wie es ein irischer Mönch gründete), kann hier nur weniges, den Esel betreffendes herausgegriffen werden.

Das »Väterbuch«, eine deutsche Übersetzung der alten »Vitae patrum« aus dem Kreis des Deutschen Ordens um 1300, gibt unter anderem die rührende Geschichte von Hieronymus und dem Löwen wieder, der, nachdem ihm ein Dorn aus dem Fuß gezogen war, »al sine wilden art« gänzlich sein ließ und mit einem Amt betraut wurde:

*»Unsern esel, den wir han,*
*Der uns durch nutz ist undertan,*
*Wan er uns holtz vuret in,*
*Vil dicke wir in sorgen sin,*
*Daz in die tier irbizen,*
*Die sich uf schaden vlizen.*
*Er darf huters wol,*
*Der in uz vure unde in hol*
*Unde uf dem velde bi im wese,*

*Daz er uf unsern nutz genese.*
*Ob ez dich nu dunket gut,*
*So ist ez unser aller mut*
*Daz sin der lewe alsus pflege*
*Mit seiner hute allewege.«*

So kam es, daß der Löwe den Esel auf die Weide führte und bewachte und bald eine herzliche Freundschaft zwischen ihnen wuchs. Aber eines Tages, während der Löwe schlief, stahlen vorüberziehende Kaufleute den Esel. Den betrübt allein ins Kloster zurückkehrenden Löwen nun hatten die Brüder in Verdacht, bei einem Rückfall in die alte Raubtiernatur den Esel aufgefressen zu haben. Zur Strafe mußte er künftig selbst die Arbeiten des Esels übernehmen, bis eines Tages die Karawane mit dem gestohlenen Esel wieder vorbeikam und der Löwe, gerechtfertigt, seinen alten Freund im Triumph ins Kloster zurückführte. Der venezianische Maler Vittore Carpaccio (um 1455 bis 1525/26) hat im Kloster San Giorgio dei Schiavoni den friedlichen Tod des Hieronymus geschildert und den Esel und den Löwen dabei nicht vergessen. Es handelt sich bei dieser Legende um eine erst im 10./11. Jahrhundert nachweisbare Übertragung der viel früheren, mit dem Abt Gerasimus verknüpften Erzählung auf den sonst als nicht so friedlich und naiv bekannten Kirchenvater Hieronymus.

Schon in der »Historia Monachorum« des Rufinus aber wird vom Altvater Hellenus berichtet, der sich einmal auf den Weg gemacht hatte, einige einsam lebende kranke Brüder zu besuchen. So trug er eine ansehnliche Last an Lebens- und Stärkungsmitteln. Allmählich aber wurde diese ihm zu schwer, so daß der ganze Weg infrage gestellt wurde. Da sah er vor sich in der Wüste eine Herde von Wildeseln, rief sie an und sprach: »Im Namen unseres Herrn Jesus Christus, einer von euch komme und trage meine Last!« Und sogleich löste sich ein Tier aus der Herde, kam ohne

Scheu zu ihm, nahm seine Last und ihn selbst auf den Rücken und brachte ihn prompt zu den Zellen der Brüder, die er besuchen wollte.

Auch dieses Motiv ist noch weiter zurückzuverfolgen. Die bereits erwähnten gnostischen Thomasakten, entstanden in der ersten Hälfte des 3. Jahrhunderts, schildern unter anderen Wundertaten des Apostels in Indien auch seine Begegnung mit Wildeseln.
Bei einer Weiterfahrt durch die Wüste wurden die Zugtiere infolge der großen Hitze krank und schwach. Der den Ehrengast begleitende Kriegsoberste war verzweifelt. »Der Apostel aber sprach: Dein Herz erschrecke nicht und fürchte sich nicht, sondern glaube an Jesus Christus, den ich dir verkündigt habe, so wirst du große Wunder sehen! Als er umherschaute, sah er eine Herde Wildesel neben dem Wege weiden. Und er sprach zu dem Kriegsobersten: Wenn du an Christus Jesus glaubst, so geh zu jener Wildeselherde und sprich: Es sagt euch Judas Thomas, der Apostel Christi, des neuen Gottes: Vier von euch sollen kommen, die, derer wir bedürfen. Und der Kriegsoberste ging hin, obwohl er sich fürchtete. Denn es waren viele Esel. Und als er losging, kamen sie ihm entgegen. Und als sie nahegekommen waren, sprach er zu ihnen: Judas Thomas, der Apostel des neuen Gottes, befiehlt euch: Vier von euch sollen kommen, die, derer ich bedarf. Als die Wildesel das gehört hatten, kamen sie einmütig im vollen Lauf zu ihm. Und nachdem sie gekommen waren, fielen sie vor ihm auf die Knie. Der Apostel aber sprach zu ihnen: Friede sei mit euch! Spannt vier von euch anstatt dieser beiseite gestellten Zugtiere unters Joch! Und jeder von ihnen kam heran und

drängte sich dazu, eingespannt zu werden. Es waren dort nun vier, die stärker waren als die anderen, und diese wurden eingespannt. Die anderen aber gingen teils voran, teils folgten sie. Als sie aber einen kurzen Weg zurückgelegt hatten, entließ er sie, indem er sprach: Euch Bewohnern der Wüste sage ich: Geht auf eure Weideplätze! Denn wenn ich alle brauchte, würdet ihr alle mit mir kommen. Nun aber geht an euren Ort, an dem ihr euch aufhieltet! Sie aber gingen in Ruhe fort, bis sie nicht mehr zu sehen waren. Als der Apostel, der Kriegsoberste und der Wagenlenker sich setzten, zogen die Wildesel in Ruhe und gleichmäßig, um den Apostel nicht zu erschüttern. Als sie aber in die Nähe des Stadttores gekommen waren, bogen sie ab und blieben vor den Toren des Hauses des Kriegobersten stehen.« Natürlich erregte dies Gefährt in der Stadt großes Aufsehen, für Thomas ein Anlaß zur Missionspredigt. Und wieder diente ihm ein Esel zur überzeugenden Demonstration: »Der Apostel sprach aber zu einem der wilden Esel, welche auf der rechten Seite angejocht waren: Geh hinein in den Hof und stelle dich hin, ruf dorthin die Dämonen und sprich zu ihnen: Es sagt euch Judas Thomas, der Apostel und Schüler Jesu Christi: Kommt hierher heraus! Denn um euretwillen und gegen euer Geschlecht bin ich gesandt worden, um euch zu vernichten und an euren Ort zu verfolgen, bis die Zeit der Vollendung kommt und ihr in eure finstere Tiefe hinabsteigt.« Sogleich nahm der wilde Esel in Begleitung vielen Volks die Auseinandersetzung mit den Dämonen erfolgreich auf. Zwei besessene Frauen fielen nieder und lagen wie tot. Erschüttert stand die Menge. Da ergriff der Wildesel erneut die Initiative: »Was stehst du müßig, Apostel Christi, des Höchsten, der darauf hinsieht, daß du ihn um das schönste Wissen bittest? Was zögerst du also? Denn dein Lehrer will seine Großtaten durch deine Hände zeigen. Was stehst du, Herold des Verborgenen? Denn dein Meister will durch dich das Geheime bekanntmachen. Warum ruhest du, der du große Taten im Namen des Herrn vollbringst? ... Euch aber, Volksmengen, die ihr dabeisteht und erwartet, daß die zu Boden gestreckten Frauen erweckt werden, sage ich: Glaubt dem Apostel Jesu Christi! Glaubt dem Lehrer der Wahrheit! Glaubt dem, der euch die Wahrheit zeigt! Glaubt an Jesus! Glaubt an Christus, der geboren wurde, damit die Geborenen durch sein Leben das Leben hätten, der auch ein Kind wurde und auferzogen ward, damit die vollkommene Menschheit durch ihn zur Erscheinung käme.« Darauf hin brachte Thomas die Frauen zum Leben. Die Wildesel aber entließ er in Frieden auf ihre Weideplätze. »Mit Christus«, sagte Sulpicius Severus, »ist jedes dumme Tier weise und jede wilde Kreatur sanft.«

Als Welt und Tiere erschaffen wurden – so erzählt eine neugriechische Legende –, war zu einem Teil Gott, zu einem anderen aber auch der Teufel schöpferisch tätig. Und der Teufel hatte die Idee, Gott und den Menschen zum Hohn einen Esel zu erschaffen. Die Bildung eines nicht sehr schönen Tieres mit langen Ohren, gelang ihm zwar; nicht aber vermochte er diesem Wesen lebendigen Atem einzuhauchen. Da mußte er nun doch zu Christus gehen und diesen bitten, den Esel lebendig zu machen. Christus tat ihm den Gefallen. Sein Lebenswort lautete: »Steh auf, Esel! Du sollst fortan die rechte Hand der Armen sein!«

*Lucas Cranach: Der Esel bei der Erschaffung der Tiere*

Seitdem ist dieses Tier auf der Welt und ein verläßlicher Diener der Menschen – ein Diener im Auftrag Christi.

Da ist auch noch die heitere Legende von St. Spiridion, dem früheren Schafhirten und späteren Bischof von

Zypern, dem auf der Reise zum Konzil von Nicäa von hochmütigen gegnerischen Bischöfen, die seine Teilnahme am Konzil verhindern wollten, die beiden Reittiere, ein weißer und ein dunkler Esel, auf denen er und sein Diakon unterwegs waren, grausam getötet wurden. Man schlug ihnen in dunkler Nacht die Köpfe ab. Morgens nun, als es noch düster war und auch keine Beleuchtung vorhanden, erfühlte der zum Aufbruch rüstende Diakon entsetzt die toten, schon kalten Tiere und die daneben liegenden Köpfe. Weinend klagte er seinem Bischof die Tat. Spiridion aber blieb ruhig, sprach ein Gebet und hieß den Diakon dann, den Tieren die Köpfe wieder auf die Schultern zu setzen. Das geschah, immer noch im Dunkeln. Die beiden Esel sprangen mit fröhlichem »i-a, i-a« auf und fraßen so munter wie je zuvor. Die Reise ging weiter. Die Übeltäter waren schon vorher aufgebrochen, denn sie hatten nach dem Verbrechen an den Tieren nicht schlafen können. Nun aber hörten sie auf einmal munteren Galopp hinter sich. Als ob sie nie etwas von Müdigkeit erfahren hätten, kamen zwei merkwürdig aussehende Esel heran, auf denen Bischof Spiridion und sein Diakon saßen. Bei ihrem Anblick mußten die Bösewichte zuerst lachen; dann fielen sie in Ohnmacht. Denn eines der fröhlichen Tiere war weiß, das andere dunkel. Aber der weiße Esel hatte einen dunklen Kopf, und der dunkle Esel trug einen weißen Kopf, der war leicht verdreht. Während der Dunkelheit hatte der Diakon die Köpfe verwechselt.

Ein anderer fröhlicher Heiliger, berühmter als der heilige Spiridion, hatte unter vielen Erlebnissen mit Tieren auch mindestens eines mit einem Esel. Franz

von Assisi – so erzählt Loys Masson am Rande der Fioretti – tauchte eines Tages plötzlich mitten im Trubel eines Dorffestes auf und wandte sich vorwurfsvoll – nicht etwa gegen die Burschen und Mädchen, die da leidenschaftlich tanzten, sondern gegen den braven Tambour, der fleißig auf einer Eselshaut trommelte. Darauf befahl er dem armen Eselchen, zur früheren Gestalt zurückzukehren: »Bruder Esel, durch die Gnade unseres lieben Herrn Jesus Christus befehle ich dir, aufzuerstehen...« Und siehe da, Bruder Esel erhob sich von dem Holzrahmen, auf den seine Haut zum Vergnügen der Musikliebhaber gespannt gewesen war, verständlicherweise geblendet und mit einem Schrei der Überraschung. Aber angesichts der Freundlichkeit des heiligen Franz wurde er bald zutraulich und beklagte sich über heftige Kreuzschmerzen. Diese vertrieb man durch ein Pflaster aus frischen Mohnsamen. Nachdem im Chor des Benedicite gesprochen und ein Ehrenmahl, wie es sich gehört, verzehrt worden war, machte sich der Esel, dem Rat seines Retters folgend, auf den Weg nach Rom. Dort wurde er Küster, und er ist es noch.
Mit einem – allerdings etwas problematischen – Esel ist auch die Geschichte des heiligen Preußenmissionars Bruno von Querfurt verbunden. Als er mit seinen Brüdern auf dem Schloß zu Querfurt Ostern gefeiert hatte, wollte er am Donnerstag nach Ostern nach Preußen aufbrechen, um die Heiden zu bekehren. Aber der Esel, auf dem er ritt, wollte auf dem grünen Anger bei Querfurt nicht vorwärts und nicht rückwärts und blieb trotz aller Prügel stehen. Da sagten Brunos Begleiter, das sei ein Zeichen von Gott, und sie überredeten ihn, mit ihnen wieder auf das Schloß zurück-

zukehren. Aber Bruno konnte in der Nacht nicht schlafen; denn daß der Esel stehengeblieben war, konnte sowohl ein Zeichen von Gott wie vom Satan sein. So brach er dann doch ins Land der Preußen auf, bekehrte viele, wurde aber schließlich erschlagen. In Querfurt erbaute man an der Stelle, wo der Esel des heiligen Bruno stehengeblieben war, eine Kapelle, und jeden Donnerstag nach Ostern fand ein großer Jahrmarkt, der »Eselsmarkt«, statt. Wer ihn besuchte, nahm für seine Kinder die dort in Mengen angebotenen grünen Eselsfigürchen aus Ton zum Spielen mit.

Aus dem deutschen Bereich muß ferner kurz berichtet werden, daß Bischof Adelfus von Metz testamentarisch verfügte, er wolle dort begraben werden, wo ein Esel, dem man seine Leiche auflade, ihn hintrage. Da brachte der Esel den Bischof in den elsässischen Ort Neuweiler, wo Adelfus Pfarrer gewesen war, bevor er Bischof von Metz wurde.

In allen diesen Legenden geht es um die aus der Kraft der Bejahung der neuen Schöpfung in Christus gewonnene Möglichkeit einer neuen Nähe zwischen Mensch und Tier. Es ist ein Verhältnis des Respekts und der erbarmenden Verantwortung. Die Tiere gehören in die schlichte neue Mitmenschlichkeit hinein, die ein Maßstab des Endgerichts sein wird. So findet sich in der koptischen Bibel ein apokryphes Jesuswort: »Mensch, was schlägst du das Tier! Wehe euch, daß ihr nicht hört, wie es zum Schöpfer im Himmel klagt und um Erbarmen schreit. Dreimal wehe aber dem, über welchen es in seinem Schmerz schreit und klagt. Schlage es niemals mehr, daß auch du Erbarmen findest.«

Diese Verantwortlichkeit geht bis zum Sprechen mit

Gott über die Tiere, das heißt zur Fürbitte. Die russische Liturgie kennt folgendes Gebet: »O Herr, unser Gott, der du uns Menschen zu Gehilfen auch die Tiere geschaffen und ihnen eine lebendige Seele, die Schmerz und Freude empfindet, gegeben hast, wir gedenken vor dir auch dieser deiner bescheidenen Gechöpfe, die mit uns die Bürde und Hitze des Tages tragen und ihr Leben dem Wohl der Menschen opfern müssen.«
In der Weite dieser Perspektive haben dann auch die Esel von Francis Jammes ihren Platz, dessen »Gebet, mit den Eseln ins Himmelreich einzugehen« aus dem Band »Die Erschaffung der Tiere« hier nicht fehlen darf:

*»Wenn einst zu dir, mein Gott, der Ruf zu gehn mich heißt,*
*dann gib, daß feiertäglich rings das Land im Sommerstaube gleißt.*
*Ich will nur so, wie ich getan hienieden,*
*einen Weg mir wählen und für mich in Frieden*
*ins Himmelreich hinwandeln, wo am hellen Tag die Sterne stehn.*
*Ich greife meinen Stock, und auf der großen Straße will ich fürbaß gehn,*
*und zu den Eseln, meinen Freunden, sprech ich dies:*
*›Hier, das ist Francis Jammes: der geht ins Paradies,*
*ins Land des lieben Gottes, wo es keine Hölle gibt,*
*kommt mit mir, sanfte Freunde, die ihr so die Himmelsbläue liebt,*
*arme geliebte Tiere, die mit einem kurzen Schlagen*
*des Ohrs die Fliegen und die Prügel und die Bienen von sich jagen.‹*
*Dann will inmitten dieser Tiere ich mich vor dir zeigen,*
*die ich so liebe, weil den Kopf so sänftlich sie neigen*

*und ihre kleinen Füße aneinanderstemmen, wenn sie*
*stille stehn,*
*recht voller Sanftmut, daß es rührend ist, sie anzusehn.*
*So tret ich vor dich hin in dieser tausend Ohren Zug,*
*gefolgt von solchen, denen einst der Korb um ihre*
*Lenden schlug,*
*und denen, die im Joch der Gauklerkarren gingen,*
*und vor geputzten Wagen, die voll Flittergold und*
*Federn hingen,*
*und solchen, über deren Leib verbeulte Kannen*
*schwankten,*
*und trächtigen Eselinnen schwer wie Schläuche, die*
*zerbrochnen Schrittes wankten,*
*und denen, über deren Bein man kleine Hosen streift,*
*die Fliegen abzuwehren, deren Schwarm vom Blute*
*trunken sie umschweift*
*und ihrem Leib die blauen, sickernd offnen Male läßt –*
*Laß mich, mein Gott, mit diesen Eseln zu dir schreiten,*
*gib, daß einträchtiglich die Engel uns geleiten*
*zu den umbuschten Bächen, wo im Winde zitternd*
*Kirschen hangen,*
*so glatt und hell wie Haut auf jungen Mädchenwangen,*
*und gib, daß ich in jenem Seelenreiche,*
*zu deinen Wassern hingebeugt, den Eseln gleiche,*
*die alle sanfte, arme Demut ihres Gangs auf Erden*
*im lautern Quell der ewigen Liebe spiegeln werden.«*

Bissige Spötter haben diesem Gedicht eine unklare Sentimentalität, freundliche Spötter diesen Eseln ein nicht ernst zu nehmendes Maß von habitueller Heiligkeit vorgeworfen: Sie seien alle kanonisiert; deshalb machten sie einen so geretteten Eindruck. Man fühle sich viel mehr veranlaßt, ihnen einen Heiligenschein zwischen den Ohren festzumachen, als ihnen eine Last auf den Rücken zu laden. So bemerkt der Dominikaner Maurice Lelong, dem seinerseits der geist- und humorvolle Essay »Célébration de l'âne« und eine beigedruckte »Homélie sur l'âne« verdankt wird, eine förmliche Predigt, die er in der weihnachtlichen Mitternachtsmesse 1960 in der Abteikirche St. Michel de Frigolet bei Tarascon hielt. Seine theologische Schlußfolgerung lautet: »Was der Esel durch die Jahrhunderte bis hin zu uns trägt, ist das Mysterium der Einfachheit und der Güte Gottes.«

Mit dem Geheimnis der Einfachheit ist das der Einfalt und so zugleich das Mysterium jener Torheit ausgesprochen, die die Weisheit der Weisen und den Verstand der Verständigen beschämt. »Denn die göttliche Torheit ist weiser als die Menschen sind, und die göttliche Schwachheit ist stärker als die Menschen sind« (1. Kor. 1,25).

Der berühmte Barockprediger Aegidius Albertinus konnte von diesem Ansatz her erstaunliche Parallelen nicht nur zwischen dem Verhalten des Esels und der vom Christen geforderten Demut ziehen, sondern auch weitreichende Bezüge vom armen Esel bis hin zu Christus und der Kirche herstellen: »Under allen Thieren wirdt keins mehr verspottet oder mit arbeit beladen, als eben der Esel: Ja so gar lest er sich von allen Thieren vexieren und verspotten: Die Affen setzen sich auff ihne unnd umb ihne herumb, und treiben das Gespött auß ihm. Durch den Esel wird verstanden ein gerechter Mensch; und durch die Affen die Welt oder die Sünder und Spotvögel, welche nichts anders thun als die Frommen und Gerechten verfolgen und verspotten...« So heißt es im »Hirnschleiffer«

(München 1618). Und in »Der Welt Schaw- und Tummelplatz« (München 1612) gar: »Die Eselin liebet ihre jungen dermassen, daß sie mitten durchs Feur zu ihnen lauffet: Eben dises hat unser Erlöser Christus gethan, unnd den Menschen dermassen geliebt, daß er zu ihm in dise Welt kommen, unnd mitten durchs Feur der so grossen unnd vilfeltigen Trübseligkeit gehen hat wöllen... Der Esel wird bißweilen mit einer Kranckheit, welche man die malida nennet, behafft, dann die warme phlegmata fliessen ihm vom Kopff hinunder, und wann sie ihm auff die Lung fallen, alßdann stirbt der Esel. Eben dises beschicht in dem Leib der Kirchen, dann wann von dem Haupt, das ist, vom Praelaten, das phlegma, das ist, das böse Exempel, biß auff die Lung, das ist, auff die Underthanen felt alßdann wirdt durch die böse nachfolgung, einer vom andern verderbt, und also der gantze Leib des waren Esels, das ist, die Heilige Kirch Gottes, getödt und zerstört... Wann einer ein Eselin mit sich führet, unnd er das Füllin begeret zu ruck zu treiben, alßdann bleibt es uber fünff schritt nit dahinden, sondern folgt allzeit seiner Mutter, uns Menschen zum Exempel, daß, wann unser Mutter, das ist Gott, uns durch etwan ein Trübsal oder Anfechtung gleichsamb verlest, wir doch nit dahinden bleiben oder verzagen, sonder sampt ihm in dem standt der Gnaden beharren und seines Trosts gedultiglich erwarten sollen...«

»Ja, wo Christi Jünger nit werden zu Eseln gar und Narren auf Erden, so mag ihr keiner sein ein Christ, und ihm der Anfang noch gebrist.« So heißt es in einem wenig bekannten, heiteren und tiefsinnigen Ge- 

*Bocksperger-Amman: Der Esel des barmherzigen Samariters*

dicht von Daniel Sundermann (1550–1631?) Danach wäre das Jesuswort »Wenn ihr nicht werdet wie die Kinder ...« wohl legitim zu paraphrasieren: »Wenn ihr nicht werdet wie die Esel ...«

Non è cristiano? Zur Antwort auf diese Frage sei abschließend das ganze Gedicht Sundermanns wiedergegeben:

*Lob des Esels*

*Gleich wie der Engel durch Hoffart*
*Von Gott fiel, drümb zum Teufel ward,*
*Und der Mensch eingeführt den Tod,*
*Da er auch weis' wollt sein wie Gott, –*

*Also, wann sich zu Demut neigt*
*Der Mensch, vom Fall zu Gott er steigt;*
*Denn weltlich Weisheit für Gott ist*
*Die größt Torheit zu aller Frist,*
*Und göttlich Torheit in der Welt*
*Ist die Weisheit, so Gott gefällt.*
*Summa: Alle Sünd, je begangen,*
*Haben in Hoffart angefangen,*
*Dargegen allzeit Demütigkeit*
*Erlangt Gottes Gnad und Weisheit.*
*Drumb der Esel und sein Natur*
*Ist allen Christen ein Figur*
*Ja, wo Christi Jünger nit werden*
*Zu Eseln gar und Narrn auf Erden,*
*So mag der keiner sein ein Christ,*
*Und ihm der Anfang noch gebrist.*

*Der Esel lebt an kleiner Weid,*
*Dran ihm genügt ohn allen Neid,*
*Er leidt Armut, Hunger mit Gdult,*
*Verfolgung, Schläg, auch unverschuldt,*
*Eins armen Geists, demütig recht,*
*Ohn Galn, von Herzen rein und schlecht*
*Der mit allen Tieren gut Frieden hält*
*Und seinen Rücken geduldig stellt*
*Unter was man drauf laden tut,*
*Ist selten krank, nützlich und gut,*
*Wird langsamb müd, tut Arbeit groß*
*Und hochnötig über die Moß.*
*Ja, alle Städt und alle Land*
*Erheischen Esel, auch gern hant...*

*Auch hat ein Esel einst geredt*
*Und gestraft Balaam, den Prophet:*

*Also weiß oft ein schlichter Mann,*
*Was kein Meister noch Doktor kann,*
*Deshalb, ihr Rabbi, ist umbsunst*
*Eur Meisterschaft und große Kunst,*
*Wo ihr nit aller Menschen Bürd'*
*Und Künst', domit ihr seind verführt,*
*Von euch werfet ganz und gar*
*Und zu Eseln werdet furwahr,*
*Ja, lauter Narren für und für,*
*Sunst seid untüchtig zu tragen ihr*
*Die Gehsimnüß göttlicher Weisheit,*
*Denn keiner taugt zur selb Arbeit,*
*Wo er sich vor nit transformiert*
*Und vom Doktor zum Esel wird...*

*Aus diesem, so gesagt, ist klar*
*Ja als die Sonn und offenbar,*
*Daß kein Tier so gar fähig ist*
*Der Gottheit, als ein Esel wüst.*

## *Quellenhinweise (in Auswahl)*


*Bernhart, Josef,* Der Cyperwein, Lieder deutscher Mystik, Paderborn 1940

*Bochart, Samuel,* Hierozoikon, Londini 1663

*Boethius,* Trost der Philosophie, übertr. v. Eb. Gothein, Zürich 1949

*de Boor, Helmut,* Mittelalter (Die deutsche Literatur I), Bd 1. München 1965

*Borges, Jorge Luis,* u. *Guerrero, Margarita,* Einhorn, Sphinx und Salamander, München 1964

*Brehm, Alfred,* Tierleben, hgg. v. W. Koch, Bd 1, Leipzig 1926

*Christoffel, Karl,* Weihnachtsstimmen, Heidelberg o. J.

*Claudel, Paul,* Kleines geistliches Tierbuch, Zürich 1956

*Clément, Felix,* Drame Liturgique: L'Ane au moyen-âge, in: Annales archéologiques, 15, 1855

*Curtius, Ernst Robert,* Europäische Literatur und lateinisches Mittelalter, 3. Aufl., Bern/München 1961

*Dähnhardt, Oskar,* Natursagen, Bd 3, Leipzig 1910

*Debidour, V.–H.,* Le bestiaire sculpté en France, Paris 1961

*Dima, Alexander,* Rumänische Märchen (Rumän. Bibliothek, II), Leipzig 1944

*Faber, Matthias,* Concionum Sylva Nova, Coloniae Agr. 1663

*Forcellini, Aegidius,* Totius Latinitatis Lexicon, Schneebergae 1831

*Fox, Frances Margaret,* Gay Legends of the Saints, London 1944

*Freybe, Albert,* Weihnachten in deutscher Dichtung, 2. Aufl., Leipzig 1885

*Gugitz, Gustav,* Das Jahr und seine Feste, 2 Bde, Wien 1949–50

*Heinz-Mohr, Gerd,* Lexikon der Symbole, Düsseldorf 1971

*Hennecke-Schneemelcher,* Neutestamentliche Apokryphen, 2 Bde, 3. Aufl., Tübingen 1959

*Henry, Marie-Louise,* Das Tier im religiösen Bewußtsein des alttestamentlichen Menschen (Sammlg. gemeinverständl. Vorträge, 220/221), Tübingen 1958

*Jacobus de Voragine,* Legenda Aurea, übers. v. Richard Benz, Berlin 1963

*Jammes, Francis,* Die Erschaffung der Tiere, Zürich 1953

*Kahlo, Gerhard,* Niedersächsische Sagen, Teil 1 (Eichblatts Deutscher Sagenschatz Bd 7), Leipzig 1925

*Kampf, Kurt,* Das Tier in der deutschen Volksage der Gegenwart, Diss., Frankfurt/M. 1932

*Kretzenbacher, Leopold,* Passionsbrauch und Christi-Leiden-Spiel in den Südost-Alpenländern, Salzburg 1952

*Landmann, Michael,* Das Tier in der jüdischen Weisung, Heidelberg 1959

*Langosch, Karl,* Hymnen und Vagantenlieder, 2. Aufl., Darmstadt 1954

*Langosch, Karl,* Geistliche Spiele, Berlin 1957

*a Lapide, Cornelius,* Commentaria in Pentateuchum, Antverpiae 1681

*Lelong, Maurice,* Célébration de l'âne, Revest-St. Martin 1961

*Lohmeier, Georg,* Bayerische Barockprediger, München 1961

*Lohner, Tobias,* Bibliotheca manualis concionatoria, t. II, Augustae Vindel. 1732

*Lurker, Manfred,* Symbole der alten Ägypter, Weilheim 1964

*Lurker, Manfred,* Symbol, Mythos und Legende in der Kunst (Studien z. deutschen Kunstgeschichte des Mittelalters, Bd 314) Baden–Baden 1958

*McCulloch, Florence,* Medieval Latin and French Bestiaries (University of North Carolina, Studies in the Romanic Languages and Literatures, Nr. 33), Chapel Hill 1960

*Millet, Gabriel,* Recherches sur l'iconographie de l'évangile au XIVe, XVe et XVIe siècles, 2e éd., Paris 1960

*Pangritz, Walter,* Das Tier in der Bibel, München 1963

*Peuckert, Will,* Der Krist, Darmstadt o. J.

*Poulaille, Henry,* Bible des Noëls anciens, Paris 1958

*Réau, Louis,* Iconographie de l'Art Chrétien, II/1, Paris 1956

*a Sancta Clara, Abraham,* Die Wunderkur, hg. v. K. Bertsche, Berlin o. J. (1924)

*Sanct Brandan,* ed. C. Schröder, Erlangen 1871

*Schaeffer, Richard,* Deutsche Tierfabeln vom 12.–16. Jhdt. (Deutsches Erbe, Bd 1), Berlin 1955

*Schmidkunz, Walter,* Christusmärchen, München 1962

*Schulze-Maizier, Friedrich,* Mystische Dichtung aus sieben Jahrhunderten, Leipzig 1925

*Schwab, Ute,* Der Stricker, Tierbispel (Altdeutsche Textbibliothek, 54), Tübingen 1960
*Seel, Otto,* Der Physiologus, übertr. u. erläutert, Zürich 1960
*Soffel-Klabund,* Der Tierkreis, Berlin o. J. (1919)
*Supervielle, Jules,* Ochs und Esel an der Krippe, Berlin 1952
*Szöverffy, Josef,* Die Annalen der lateinischen Hymnendichtung, II, Berlin 1965
*Thomas von Aquino,* Goldene Kette, deutsch Regensburg 1846
*Thompson, Stith,* Motif Index of Folk Literature, Copenhagen 1958
*Trocmé, André,* Des Anges et des Anes, Genève 1965
*Waddell, Helen,* Beasts and Saints, London 1934
*Wilder, Thornton,* Einakter und Dreiminutenspiele, Frankfurt/M. 1954
*von Winterfeld, Paul,* Deutsche Dichter des lateinischen Mittelalters, München 1953
*Wohlgemuth, Josef,* Das Tier und seine Wertung im alten Judentum, Frankfurt/M. 1930
*Wright, Thomas,* Histoire de la Caricature et du Grotesque dans la Littérature et dans l'Art, Paris 1867

*Inhalt*

## *Bildnachweis*

Für die Überlassung von Bildunterlagen sind wir dem Kunstmuseum und der Landesbildstelle Düsseldorf sowie der Kunsthalle Hamburg zu Dank verpflichtet.
Eine Reihe von Aufnahmen stellte uns der Verfasser zur Verfügung. Die Abbildungen auf Seite 17, 45, 51, 55, 60 sind Holzschnitte des Petrarca-Meisters, Augsburg 1532.